穿越海上丝绸之路

《穿越海上丝绸之路》节目组 ◎ 著

中国财经出版传媒集团
中国财政经济出版社

图书在版编目（CIP）数据

穿越海上丝绸之路/《穿越海上丝绸之路》节目组著. —北京：中国财政经济出版社，2017.5
ISBN 978-7-5095-7378-5

Ⅰ.①穿… Ⅱ.①穿… Ⅲ.①电视纪录片-解说词-中国-当代 Ⅳ.①I235.2

中国版本图书馆 CIP 数据核字（2017）第 066017 号

责任编辑：潘　飞　赵甲思	责任校对：李　丽
责任印制：刘春年	版式设计：丁丁图文

中国财政经济出版社 出版

URL: http://www.cfeph.cn
E-mail: cfeph@cfeph.cn

（版权所有　翻印必究）

社址：北京市海淀区阜成路甲28号　邮政编码：100142
营销中心电话：010-88190406　北京财经书店电话：010-64033436
北京时捷印刷有限公司印刷　各地新华书店经销
880×1230毫米　32开　10.875印张　207 000字
2017年5月第1版　2017年5月北京第1次印刷
定价：39.80元
ISBN 978-7-5095-7378-5
（图书出现印装问题，本社负责调换）
本社质量投诉电话：010-88190744
反盗版举报热线：88190492　88190446

序一

《穿越海上丝绸之路》是由中共广州市委宣传部、广州市社会科学界联合会与中央新影集团、中国国际电视总公司联合出品,泉州广播电视台、亚太日报社联合摄制的一部大型纪录片。这部纪录片立足国家"一带一路"的战略背景,运用国际化的叙事手法,带着历史感,通过大量正在发生的、饱含张力的当代"海丝"故事,带领观众穿越时空,重新认识海上丝绸之路的丰富内涵和人文精神。

整部片从策划、调研到具体拍摄、后期制作,历时近三年时间,先后在广州、泉州、洛阳、宁波等二十多个国内城市以及美国、法国、文莱、马达加斯加、阿联酋等十六个国家取景拍摄。在广州市委宣传部甘新、徐咏虹两任部长一以贯之的高度重视和大力支持下,在中央新影集团主创团队高超的艺术水准和精益求精的专业精神的推动下，这部大型纪录片于 2016 年 11 月在中央电视台国际频道播出，在海内外收到很好的社会反响。

作为这部纪录片的策划者和推动者，我们参与了策划、调研、拍摄、制作的全过程。这是广州奉献给海内外观众的一部纪录片作品，寄托了我们许多美好的期许和愿望。

把握好宏大题材与讲好故事的关系：以小见大，以情动人，讲好"21 世纪海上丝绸之路"的中国故事。

习近平总书记指出："以人民为中心，文艺才能发挥最大正能量"；衡量一部作品是否优秀的根本在于"是否能为人民抒写、为人民抒情、为人民抒怀"。21 世纪，海上丝绸之路是一个经贸文化交往的大舞台，也是一个国家形象展示的大舞台。纪录片是一种很国际化的传播形式，我们确定拍摄"海上丝路"纪录片的源起是应中央提出的"一带一路"战略构想，希望通过人文对话增进海上丝路沿线国家的价值认同。

策划、制作这部纪录片时，我们首先遇到这样一个难题：如此宏大的题材如何落到地上，这样的主旋律式宣传如何才能吸引人、打动人、感染人？中央提出"一带一路"战略构想，构建以和平发展为宗旨的人类命运共同体，其最深厚的基础根植于中国和"丝路"

沿线国家的民心相通、情感互通。这部纪录片要把故事"讲"得好，能打动人，形成影响力，必须把宏大的叙事落在"人"上——拍人的生活、人的故事、人的命运，讲好中国故事、中国情感、中国精神。为此，我们从2014年初到2015年初，用了一年多的时间做了大量的策划、筹备和调研工作：一是选择北京奥运会、广州亚运会官方电影总导演顾筠的团队担纲本片，充分发挥她掌控宏大题材的大局把握、作为女性导演特有的敏感细腻的人文情怀以及在亚运合作过程中形成的良好沟通等方面的优势；二是把题材从历史文献纪录片转换成纪实性人文纪录片，深入挖掘"一带一路"宏大题材中的生活性、故事性、情感性；三是与主创团队一道寻找故事线索，历时一年多足迹遍及十多个国家、二十多个城乡，从数以百计的故事线索中，精心挑选出三十二个人物故事，让本片内容更富有魅力和传奇色彩。通过这些努力，我们比较成功地把一个"高大上"的重大题材拍摄成一部"接地气""通人心"的片子。

把握好穿透历史与关照现实的关系：重在当下，面向未来，表达中国与世界对话、与未来对话的美好愿景。

习总书记指出，文艺只有植根现实生活，紧跟时代潮流，才能发展繁荣；只有顺应人民意愿，反映人民关切，才能充满活力。因应和诠释"一带一路"战略构想，通过纪录片表达中国与世界对话、与未来对话的美好愿景，是我们拍摄本片的根本任务和意义所在。

文化对话是人类永恒的主题，几千年来，中华文明与世界文明的对话一直没有间断过。特别是通过海上丝绸之路这条纽带，贸易往来的密切势必深刻地改变和重塑人们的生活面貌乃至精神、文化和习俗。在拍摄过程中，我们不能进行简单的历史再现，不能单纯地作文物史迹的考证和展示，必须紧扣现实，重在当下，让现实告诉未来：中国与世界已经被紧密的纽带紧紧连接在一起。因此，我们大胆地打破了一般历史题材的惯性思维和模式，没有按古代编年史去走，舍弃了历史资料、口述历史、专家评说、情景再现等手法，摒弃了文物、史迹乃至历史文化的单纯展示，而是从当下出发，从现实生活寻找历史的影子，带着历史讲述正在发生的故事。整部片子从头到尾都没有采访，甚至连解说词都很少，非常巧妙地选择了三十二个当下的人物作为主体，通过鲜活感人的人物和充满戏剧张力的故事，从社会文化、传统习俗乃至普通人的生活中提炼历史信息，自然地串联起历史和当下，清晰地勾勒出整条海上丝绸之路沿线国家交往的历史、文化与现实，深刻地反映了我国与世界各国在经济、文化、科技和人员交往等领域的相互融合，包括贸易的联系、文化的联系、精神的联系乃至感情婚姻的联系，很好地传达了"和平合作、开放包容、互学互鉴、互利共赢"的丝绸之路精神。

我们相信，与历史对话，就是与未来对话。这种对话的力量是巨大的，不可估量的，它将深刻地改变我们的现状和未来。

把握好服务大局与宣传广州的关系：立足广州，面向世界，传播出中国与世界互利合作、共赢发展的声音。

习总书记强调，宣传思想工作一定要把围绕中心、服务大局作为基本职责，胸怀大局，把握大势，着眼大事。当下，"一带一路"战略已经成为我国新一轮对外开放的核心，是我国经济、社会全局工作的重点。广州作为"古代海上丝绸之路发祥地"和重要的国家中心城市，在21世纪海上丝绸之路的建设中，必须站在大局的高度，担负起代表国家参与世界竞争、输出中国价值、增进文化认同的职责与使命。因此，我们拍摄这样的主旋律题材，就不能仅仅局限于宣传和展示广州，更要立足于"一带一路"的战略高度，真正诠释好海上丝绸之路的地理概念、历史内涵和文化内核，传递中国与世界互利合作、共赢发展的美好愿景。

秉持这样的愿望，我们坚持立足广州，面向世界，纪录片的镜头从广州出发，穿越十六个国家，拍摄取景遍及三十多个国内城市，呈现出一种国际视野、中国故事、广州元素交融的厚重视角。我们希望通过这部片子，既反映广州深厚的"海丝"历史文化，又深入挖掘中国与世界、广州与世界交往的历史，拉近我们与"海丝"沿线国家的距离，形成一种共同推动21世纪海上丝绸之路建设的合力与氛围。

把握好出资方与专业团队的关系：遵循规律，尊重创作，鼓励、支持主创团队三年磨一剑，打造文化精品。

习总书记指出，加强和改进党对文艺工作的领导，要把握住两条：一是要紧紧依靠广大文艺工作者，二是要尊重和遵循文艺规律。在本片的制作过程中，我们遵循艺术创作规律，尊重艺术家的创造个性，不以主要出资人自傲，也不以项目领导者自居，不把意志强加到主创团队身上，着力通过沟通协调和支持配合，激发他们的创作积极性和主动性，进而创造出具有历史温度和人文关怀的好作品。这几年，"海上丝路"是各地争相拍摄的热门题材，但是，从甘新到徐咏虹，两任广州宣传部部长一以贯之地抓纪录片的质量，始终坚定对制作团队的支持，鼓励他们静下心来去调研、去挖掘、去思考，三年磨一剑。

从2014年纪录片项目启动以来，我们每年多次赴京与主创团队充分沟通交流，研究纪录片创作规律和遇到的难题，确保纪录片各项工作有序推进。而广州作为本片的故事线索地和主要取景地，广州团队也一直扎根于此，在幕后勤勤恳恳地工作，组织和参与策划、创作、调研、协调、服务等各项繁复而又琐碎的工作。特别是后勤保障工作，仅 2015 年接待北京团队为期一个月以上的来穗拍摄就多达四次，广州团队的同志经常陪伴北京团队加班加点到深夜甚至凌晨。因此，这部纪录片的成功，既得益于北京团队的专业情怀与精益求精，也离不开广州团队的坚守坚持和辛勤付出。

总的来说，顾筠导演担纲的这部《穿越海上丝绸之路》，很好地反映了上述以广州为代表的我国丰富的海上丝绸之路文化。2016 年 12 月，《穿越海上丝绸之路》受邀成为"2016 中国（广州）国际纪录片节"开幕影片，被组委会授予"特别推优奖"。我们深信，一部好的作品一定能够穿透时空，传播久远，希望这本同名书籍的出版，能够有助于将《穿越海上丝绸之路》呈现给全世界更多关心 21 世纪海上丝绸之路建设和中国发展的人们。

广州市社会科学界联合会党组书记、主席　　曾伟玉
《穿越海上丝绸之路》执行总策划、总监制

序二

海路迢迢，人来人往，诉说着商道上古往今来的故事。借助不断进步的造船工艺和港口的发展，中国的丝绸、瓷器、茶叶等商品迅速传遍了全世界，与此同时，香料、皮革、毛毯等舶来品也随之落地中国。商道的形成不仅繁荣了市场，同时也在传播着不同的文化，推动人类文明的进程。不谋而合的是，世界从人类文明诞生以来就一直处于一个漫长的"全球化"的整合过程中，时而剧烈，时而缓和。各种文化形态你中有我，我中有你，交织在一起，于是我们触摸到了《穿越海上丝绸之路》这部纪录片的基本内容和形态，形成了这部纪录片的总体构想：以对"海上丝路"的重访为外在逻辑，以一组组鲜活的人物故事与家族传奇为观察样本，依托空间的行程，用现在时态将这种文化交织的历史轨迹清晰而有意味地呈现给中国乃至全世界的观众。

八集系列片分别是《寻路》《家承》《原乡》《连枝》《薪传》《问道》《脉缕》《轮回》。第一集《寻路》讲述了前后跨越一千五百年的三个不同时期的航海人在同一空间，即同一条海路上的故事。第二集《家承》讲述四个老字号的故事，这四个老字号的家族传承史都在几百年以上。传承家族技艺，成为他们每一代人的使命。第三集《原乡》讲述了铁观音发现者王士让的后人的故事，他们有的在故乡传承制茶工艺，有的在东南亚各国从事茶叶贸易，但到了采茶季节，闻着茶香，他们又会相聚安溪。茶叶不仅成为海外华人寻找精神家园的路标，还悄然改变了世界其他族群的生活方式。第四集《连枝》讲述三组混合婚姻家庭的故事，混合婚姻是海上丝绸之路上一道独特的人文景观。第五集《薪传》讲述的四个人物分别是银行家、海水养殖专业能手、勇闯非洲的商人以及慈善环保人士，表现了中国与世界各国间广泛的技术合作与交流。第六集《问道》讲述了来中国学习中医的留学生，把中医文化传播到全世界。第七集《脉缕》讲述了推动中华文化外传的四个践行者：美食节目的主持人、粤剧演员、南少林功夫的传承人、印尼慈济中文学习的推动者。第八集《轮回》讲述了三组发生在海上丝绸之路上的中外贸易家族以及他们后人的故事。他们是三百多年前中美首次通航后，波士顿与广州两大家族的贸易合作以及这两个家族后人的故事，一千多年前来到泉州定居的阿拉伯商人家族以及后人的故事。

　　要讲好每一集的故事关键在于手法上不断地求新求变，运用现在时态讲述历史故事是本片对于表现"历史"的一种新的尝试。在八集系列片中，这种用现在时态讲述历史故事的方式，有的运用在不同时代人物的类比关系中，有的则运用在家族故事的讲述中，比如第一集《寻路》中的三个人物义净、文森特、翟墨是不同时期的三个人物，义净是唐朝的佛家弟子，文森特和翟墨分别是20世纪70年代和活跃在当下的职业航海人，但这三个人物的相同之处在于都搏斗于同一条海路，遭遇了来自海洋的各种挑战。对于这三个人物，我们跟踪记录了翟墨的航海生活，找到了文森特当年的胶片影像，即使没有一千五百年前义净法师的资料影像，我们把翟墨、文森特和义净放在相同的海域去类比，通过现实的影像显影历史画面，这种方法让观众更加立体地认识了这位唐代高僧的海上生活。再如第二集《家承》中后代对先祖的描绘，老字号传承的不仅是血脉，更重要的是家族技艺。捧着先祖留下的文字配方，触摸着压石工艺中留有先祖体温的石块，一丝不苟地坚守着代代相传的技艺，传承人浅井以最温情、生动的方式让我们感知了历史。

　　除了手法上的创新，在拍摄过程中，往往是最危险的地方却隐藏着最生动的故事：拍摄航海家翟墨的海上生活时，摄制团队与翟墨生死同行；拍摄中国商人蔡国伟先生深入马达加斯加农村调研时，摄制组穿越了一片鼠疫区。由于此片以纪实为主，因此素材量很大，在后期编辑过程中，我们仍然继续"后编剧"的工作，经过六个月的日日夜夜和反复修改，终于收获了这部纪录片。由于全片打破时空的局限，带着历史讲述正在发生的故事，因此被命名为《穿越海上丝绸之路》。

在本片同名图书付梓之时，我要衷心感谢出品方中共广州市委宣传部、广州市社会科学界联合会！感谢中共广东省委宣传部的大力支持！感谢出品方中国国际电视总公司！感谢泉州广播电视台！感谢亚太日报社！特别感谢广州市委宣传部部长徐咏虹女士、原部长甘新先生！感谢广州市社会科学界联合会党组书记、主席曾伟玉女士！感谢广州市政协经济委员会主任顾涧清先生！感谢泉州广播电视台吴建生台长！感谢陈家平导演！感谢亚太日报社金文胜总裁！

《穿越海上丝绸之路》总导演　顾筠

目录

第一章 寻路

「广州女士号」,从广州到巴黎 005

寻访义净法师求法之路 014

重走海上丝绸之路 028

第二章 家承

味噌:风靡日本的中国味道 065

干漆夹苎:源于东汉的古老技艺 056

苏绣:比瓷器更早惊艳世界 051

瓷器:对外贸易第一主角 037

CONTENTS

第三章

原乡

献给世界的礼物 075

改变了世界的生活方式 087

第四章

连枝

武术结连理 103

有缘万里来相会 110

贸易成姻缘 119

峇峇娘惹文化 126

第五章

薪传

逆流而上 135

目录

第六章 问道

拜访印尼中草药专家 173
叩问中医药之道 177
中医药惠及全世界 188

爱拼才会赢 163
一个鱼丸的梦想 156
比富有更富有 146

第七章 脉缕

粤菜：烹小鲜若治大国 215
粤剧：台上一分钟，台下十年功 225

CONTENTS

第八章 轮回

与先祖隔空对话 249

重启中美贸易的轮回 265

阿拉伯后裔再与阿拉伯人做生意 273

从《米胶协定》到普特拉姆电站 281

附录一
运用现在时空讲述历史故事 289

附录二
人物的选择与故事构成 295

附录三
回到原点，重绘海上丝绸之路人文地图 315

附录四
各界专家对《穿越海上丝绸之路》的点评 321

华语：润物细无声 237

南少林功夫：有志不在年高 231

马来西亚汉文化中心主席、拿督吴恒灿此刻正在广州广孝寺,他试图伸手触摸一千三百四十三年前发生在同一空间的一段历史。停靠在法国巴黎塞纳河旁的"广州女士号"也在静静地等待几位特殊的访客。同一天,航海家翟墨升起风帆,投奔茫茫大海。

第一章

寻路

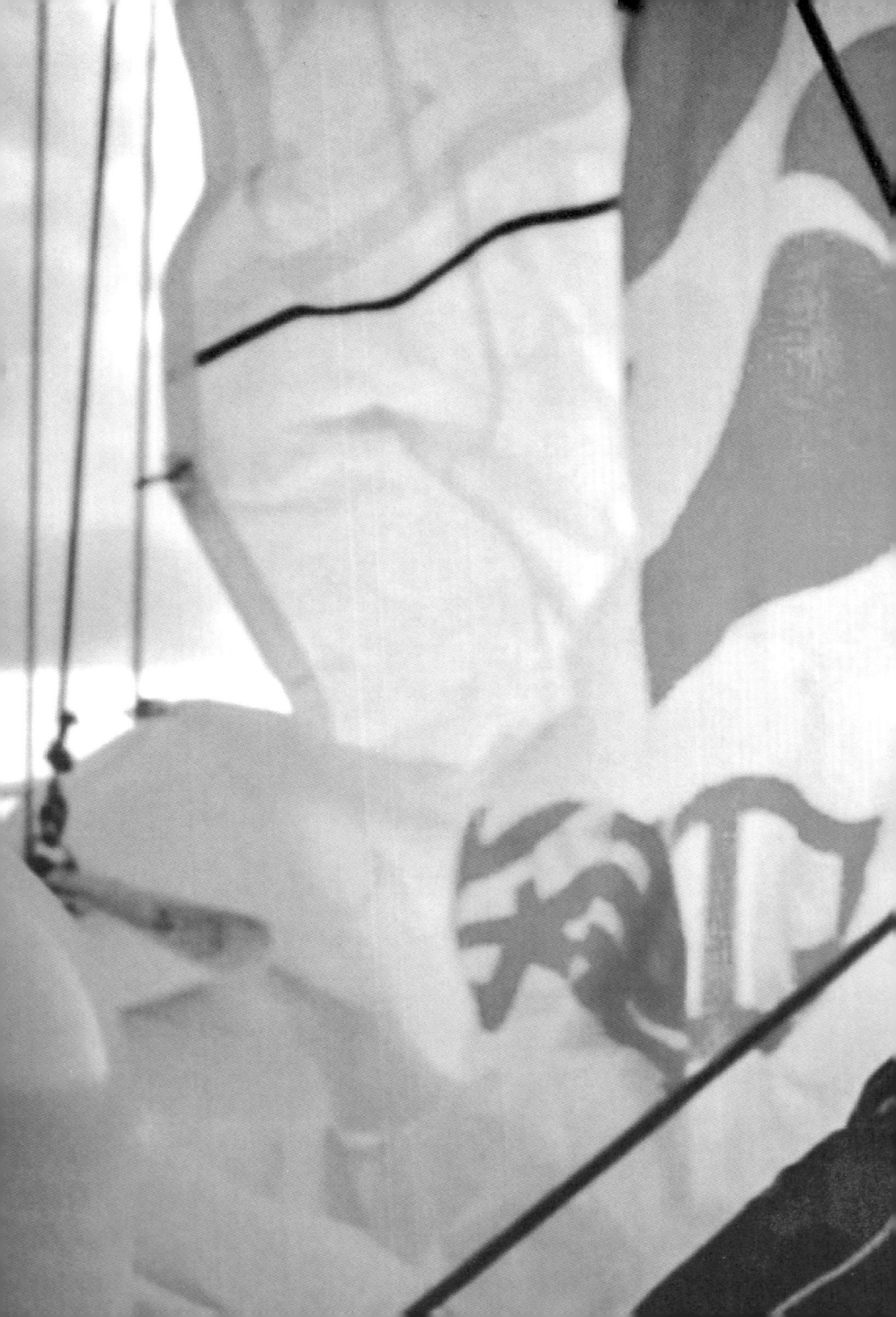

"今日中华,

雄踞东方,

翟墨儿郎,

扬帆海上丝绸之路,

平潭起航。"

2007年1月6日,翟墨变卖家产,义无反顾地独自驾驶帆船,开始了环球航海之旅,他从中国日照出发,历时两年多,航行两万八千三百海里,成为第一个完成单人无动力帆船环球航海的中国人。此刻,他追随历史的帆影,开启"重走海上丝绸之路"的万里航程。

重走海上丝绸之路

翟墨

环球航海家

关于海上丝绸之路,最早的文字记录来自《汉书·地理志》。

自日南障塞,徐闻、合浦船行可五月,有都元国;又船行可四月,有邑卢没国;又船行可二十余日,有谌离国;步行可十余日,有夫甘都卢国。自夫甘都卢国船行可二月余,有黄支国,民俗略与珠厓相类。其州广大,户口多,多异物,自武帝以来皆献见。有译长,属黄门,与应募者俱入海,市明珠、璧、流离、奇石、异物,赍黄金、杂缯而往,所至国皆禀食为耦,蛮夷贾船,转送致之。亦利交易,剽杀人。又苦逢风波溺死,不者数年来还,大珠至围二寸以下……自黄支船行可八月,到皮宗;船行可八月,到日南、象林界云。黄支之南,有已程不国,汉之译使,自此还矣。

公元前111年,汉武帝平定南越后,便派船队携黄金、杂缯等,从广东雷州半岛最南端的徐闻起航,沿北部湾和越南海岸一路南行,绕过马六甲海峡,到达黄支国[1]和已程不国[2]【图1】,并以物物交换的形式与沿途各国达成文化交流。

时隔千年,为了致敬那些勇敢探寻未知疆域的先辈们,航海家翟墨再次出发,这一次,他将下南洋,穿马六甲海峡,越过印度洋、

---

1 今印度南部海岸康契普腊姆。
2 今斯里兰卡。

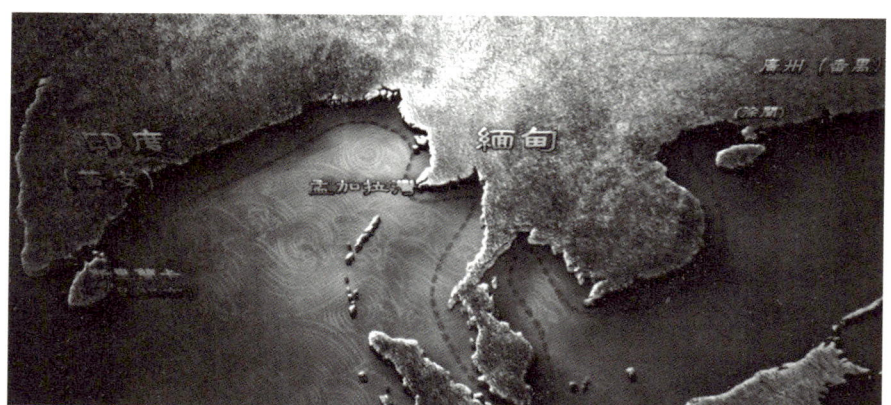

【图1】《汉书·地理志》中记载的海上丝绸之路路线图。
【图2】翟墨重走海上丝绸之路路线图。

地中海、红海，经苏伊士运河，最终抵达意大利【图2】，参加米兰世博会。

隔着时间的云烟，在同一条海路上，翟墨追寻着先人的足迹，同样要面对的，是来自浩渺海洋的挑战。

与唐代航海家相比，翟墨所驾驶的无动力帆船，有了更先进的卫星定位系统。但是，在航行过程中需要面对的生理与心理的考验，古今之间并无太大差别。

翟墨：船上的绳索就像人身上的神经，要根据风的力度来调整绳索，不断让它绷起神经，这样才能找到最佳的航行角度。现在的船只船舶基本上都按国际标准配置了AIS识别系统，而海盗船不装任何这样的装备。一旦发现某条船没有任何信息，就要留意这条船是从什么地方来的、走向以及跟你的船的距离，这样可以提前做好规避。

航道上过往的船只并不多，人在大自然面前显得十分渺小，没有电话，不能上网，打扫卫生似乎也成了一种排遣寂寞的方式。船舱里闷热无比，相比之下，桅杆下那巴掌大的一道阴影，就像是天堂。

杨金石：来，朋友们，开饭了。

小小的帆船上每天能有一顿热饭，已殊为不易。因此日复一日，是吃不完的方便面。

船上淡水有限，不能洗澡，甚至无法刷牙，看见远方的一片乌云，都有置身其中一洗为快的冲动。

翟墨：老杨，下去洗澡去吗？

杨金石：正好进去洗个澡（痛快一下），然后就可以穿衣服了。

俄罗斯人米沙趁着船偶尔停泊的机会，冒着遭遇鲨鱼的风险，直接跳下海去，痛快地洗一番。

巨港位于马六甲海峡东侧，这一段海域风浪瞬息万变，历史上又有海盗出没，作为船长的翟墨不仅要有勇气，还要具备丰富的天文地理知识以及随机应变的能力。

翟墨：你看那边，云层全都压在一起了，接着就是狂风暴雨，我们抓紧时间离开这里。老杨，拿个美工刀，一旦出现问题，就割（断）那个筏子，直接打开它。注意点儿！把对讲机给我！打开这个仪表，把那个主帆的绳子卸下来，不然它来回打。老杨，把主帆的绳子拆了，大风已过，解除警报，继续航行……前面好像有船。

杨金石：有，有两条小渔船。

翟墨：关键是离岛这么远，怎么会有两条小渔船。它冲我们过来了，降下来，快点儿把鱼竿收了。你看一下他们是否跟着我们，因为他们看到我们转向了。那个小船（距离我们）还有多远？

杨金石：现在在我们五点钟的方向。

翟墨：给我（望远镜），你来驾船。这里是海盗出没的地方，苏门答腊这个地方，包括一进入马六甲海峡的入海口，都是海盗出没的地方。不然离本岛那么远，不可能开一条小船过来。假如开一条小船的话，不可能用马达或者速度这么快。如果它是一条普通渔船的话，也不会这么快。所以你们要把周围所有的情况都分析一下，看看旁边有没有大船，一般正常的话，小船旁边一定会有大船，否则它不会离开陆地近七十海里。因为这种小船，雷达是没有任何显示的，它直接就冲着我们过来了。有一句话说得非常好，可怕的不是大自然，是人。

行至亚丁湾，翟墨船上的供给出现了问题，基本上已经断水断粮，而这片海域海盗最为猖獗。

经历了那场有惊无险的海盗风波之后，在接下来的航程中，翟墨更加谨慎，他主动与巡逻在亚丁湾的中国海军护航编队取得了联系。

海军战士：我是中国海军152舰。

翟墨：我船现在的方位是北纬12度53分、东经53度00分。

海军战士：你先按照既定航线往260、210的方向走吧。

翟墨：好的，好的。

双方按计划前往预定地点汇合，针对翟墨号的困境，护航舰队专门开会讨论汇合方案。

王建勋（舰队指挥员）：翟墨目前最大的困难就是断粮断水，他如果继续沿岸航行，就跟我们汇合不了，就解决不了断粮断水的问题。

海军战士：他出领海我们就可以给他补给，他不出领海我们就没法给他补给。

王建勋：这个汇合点是一个大的趋势，但并不是说绝对在这里，如果他在这里了，你就让他往这儿插，对不对？

海军战士：他的航行是能保持210的，但是他的航迹向是被涌浪给推推推，推过去的。

当翟墨号和152舰抵达预定汇合地点后，此时风高浪急，两船无法靠近，只好相隔一定距离相伴而行。

等到风浪稍微减弱,中国海军"济南号"派出小艇把补给品送到了帆船上。

特战队团参谋长:翟墨船长,海军152舰编队特战分队四名特战队员奉命执行随船护卫任务,船长辛苦啦!

在中国海军的护送下,七天之后,翟墨顺利地通过了亚丁湾,完成了一次让无数航海人魂牵梦萦却又望洋兴叹的航行。

寻访义净[1]法师求法之路

---

1 义净(635—713),俗姓张,齐州(今山东济南)人,佛教四大译经家之一,是继法显、玄奘之后的又一位求法高僧。

拿督吴恒灿是马来西亚汉文化中心主席,在过去的三十多年里,他致力于中马文化的交融互动,不断扩展汉语在当地主流社会的应用范围。

2015年年初,原文化部长丹斯里·莱斯雅丁交给他一项特殊的任务。

吴恒灿:你为什么这么感兴趣,并邀请我来研究义净法师求法之路的历史呢?

丹斯里·莱斯雅丁:在世界的这部分,义净法师是第一位来到这里的中国学者。我必须指出的是,义净法师来这里的一个主要原因是,为中国的商业和贸易来进行全面研究和改写。所以义净法师应该是被公认的郑和之前第一位来到这里(促进商贸)的人。

吴恒灿:(比郑和)早七百年。

丹斯里·莱斯雅丁:这点很少被人提及,我们需要各方人员的充分参与,让其成为中国和马来西亚两国的历史遗产。

受马来西亚政府的委托,拿督吴恒灿此行将实地寻访求证唐代高僧义净法师一段文献的真实性。这是公元671年义净法师搭乘商船西行取经的见闻实录。如果义净法师对海上航行及所到国家情况的详细记录属实,马来西亚有文字记录的历史将被提前约七百年。

吴恒灿:阿弥陀佛,妙玉法师,这边有一个马来文的记录,义净法师从广州的光孝寺，经过室利佛逝王朝的巴邻旁，也就是现在印尼的巨港，然后从那边又转到了现在马来半岛的吉打州，他所走的就是我们现在所说的海上丝绸之路。他所记录的那些风土人情、地理环境，还有天文知识，在书里非常广泛，这个记录完全可以成为一个考证，重写我们的历史。所以，如果没有义净法师，可能就没有马来西亚历史（最早）的记录了。

妙玉法师：义净法师所写的这两本书（《南海寄归内法传》和《大唐西域求法高僧传》）当中，也提到过我们寺庙，证明我们寺庙和义净法师曾经有过这么一段缘分。义净法师也是受到玄奘法师西行求法成功的激励和影响。

吴恒灿：四大佛教翻译家，义净是其中之一，所以义净在历史中的地位不应该被忽视。

作风严谨的拿督吴恒灿不懈地穷究往事，他提出一个疑问，义净法师当年从广州的哪一个口岸上船出发？为此，他前往广州华林寺西来古岸[1]、南海神庙[2]进行调研。

---

1 据说南朝梁武帝年间，印度僧人达摩远渡重洋来到广州，人们尊称他最初登岸的地方为"西来初地（今广州下九路几条相连内街的合称）"，称他在此处最初建造的寺庙为"西来庵"，清朝顺治年间改名为"华林寺"，街口立有"西来古岸"石碑。
2 古人祭海的场所，建于隋代开皇十四年（公元594年），是中国古代神庙中唯一遗存下来的建筑群，也是历史上海上丝绸之路的起点。

吴恒灿：根据史料记载，义净是在公元671年从广州出发的，如果你刚才说的地方志（记载的）是公元594年就建好这个南海神庙的码头，也就是古码头了。现在我得出一个小小的结论：义净在建这个码头后的七十七年，就从这边出发了。

顾涧清（丝路研究专家）：广州这个城，在两千多年前就建了，这是一个古地图，西来古岸就是当年的内港，南海神庙在这边，是当年的外港。广州当年就是一个水城，随着时间的推移，地理的变迁，沧海桑田，海岸线越来越往南走了【图3】【图4】。当年义净从广州出洋，那个港口应该在广州的外港。四库全书里有这么一段话："南海（南海神庙）在县南，水路百里，自州东八十里，有村号曰古斗。自此出海，浩渺无际。"当时广州城已经非常繁荣了，在唐代。

吴恒灿夫人：海上贸易都已经开始了。

顾涧清：已经开始了，而且形成了知名的广州通海夷道[1]。

在"巨舶通蕃国，孤云远帝乡"的盛唐，以广州、泉州、明州、扬州四大名港为起点，向北有东洋航线通高丽、新罗和日本。向南经南海海路，穿越南海、马六甲海峡，进入印度洋、波斯湾，继续沿波斯湾西海岸航行，出霍尔木兹海峡，可远至阿曼湾、亚丁湾和东非海岸【图5】。

---

[1] 唐朝宰相贾耽在《海内华夷图》中记录了唐朝沿边州郡进入"四夷"的七条路线，其中第五条为安西（今新疆库车）入西域道、第七条为广州通海夷道，分别是陆上丝绸之路和海上丝绸之路的主干道。

【图3】【图4】广州城古地图。西来古岸为内港,南海神庙为外港,随着时间的变迁,海岸线逐渐南移。

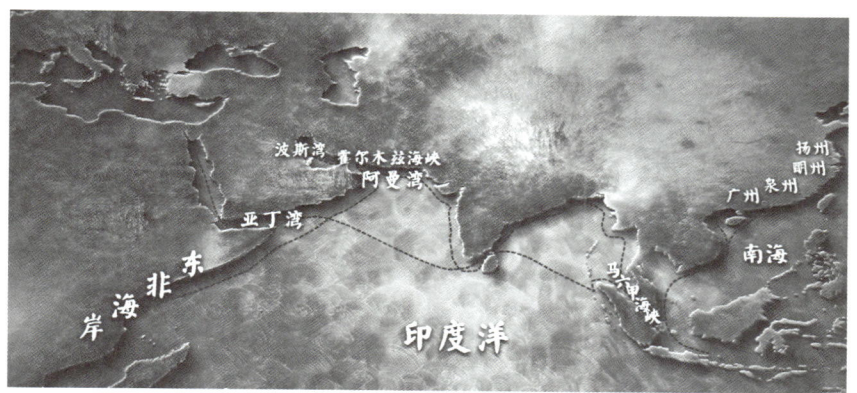

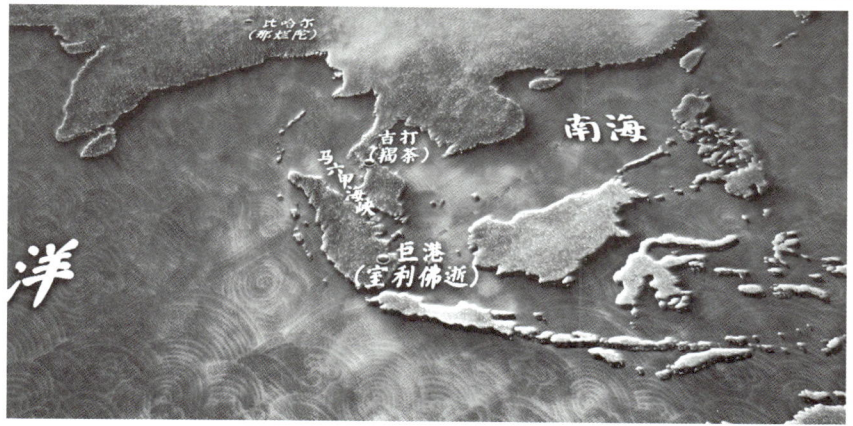

【图5】盛唐时期海上丝绸之路路线图。
【图6】义净法师沿海上丝绸之路西行求法路线图。

仰慕玄奘西行求法的高风，唐代高僧义净法师于公元671年在广州搭乘波斯商船，沿着海上丝绸之路，途经室利佛逝[1]、末罗瑜国[2]、羯荼国[3]、倮人国[4]，行程三千多海里，抵达印度那烂陀【图6】。

在广州南越王墓遗址[5]的寻访中，吴恒灿夫妇了解了更为久远的海上交流史。从出土的船纹铜提筒羽人船图案[6]【图7】可知，两千多年前南越人就有驾船出海的能力，而墓中发掘的波斯银盒[7]【图8】、乳香、珠襦饰物[8]等舶来品，进一步证明了在西汉时期或更早年代，广州与波斯、非洲东岸等地就有了海上贸易，等到义净法师从此地搭乘商船西行取经，光阴已经流转一千年了。

依托南越王墓的考古发现，我们似乎遥望到古代先民驾驭水上运载工具的身影。中国东南和南部沿海的广大地区古称"百越之地"。百越人制作的筏及独木舟的历史，更可以追溯到七千年前的河姆渡

1　首都在今印度尼西亚苏门答腊岛巨港，最强盛时包括苏门答腊、爪哇、加里曼丹、马来半岛。
2　今印度尼西亚苏门答腊占碑附近。
3　今马来西亚吉打一带。
4　今安达曼群岛。
5　为南越国第二代国王赵胡的陵墓，于1982年在广州市解放北路象岗山被发现，出土了大量珍贵文物，大大丰富了秦汉时期海上丝绸之路和中外关系的实物见证。
6　图案中四条船首尾相连，船身修长呈弧状，两端翘起，饰有水鸟、海龟、海鱼；每条船上有羽人五个，戴长羽冠，持弓箭或短剑或首级，有的击鼓，有的抓着俘虏，船尾有一人划桨。应为越人的杀俘祭河神图。
7　其高12.1厘米，腹径14.8厘米，重572.6克。造型与纹饰与汉代以及汉代之前的金属器皿不同，却与波斯帝国的金银器有相似之处，可以断言这是一件舶来品。
8　珠襦组带上的金珠泡饰焊接工艺极为高超，与中国传统金银钿工迥异，与西方出土的多面金珠的小珠焊接法相同。

【图7】广州南越王墓出土的船纹铜提筒羽人船图案。
【图8】广州南越王墓出土的波斯银盒。

文化时期。而造船技术在唐宋时期已经登峰造极。著名的水密隔舱技术也是唐代工匠为后世所作的非凡贡献。1974 年，泉州湾后渚港出土了一艘宋代远洋货船残体[1]【图9】，已具有极为完善的水密隔舱结构。由于舱与舱之间的严密区隔，在远洋中，单一舱区破损进水，并不会影响到整艘船的沉浮。至今，泉州的黄氏造船世家仍然传承着这项技艺。作为一种文化遗产，中国古代的造船技艺千百年来一直牵引着全世界航海人士的关注。

正因为唐代的造船技术为远洋航行提供了保障，义净法师搭乘的商船才顺利地到达了印尼的巨港。巨港被称为室利佛逝王国的发祥地，是东南亚历史上最重要的贸易港之一。

在巨港考古局副局长的引领下，拿督吴恒灿来到巨港西昆当山考古现场进行实地考察，当地的年轻人盛装打扮用巨港的传统音乐迎接远道而来的客人。

若奴菩娃蒂（巨港考古局副局长）：我们去那儿看看，那里有砖块，可能是以前僧人讲经的地方。义净是一位从广州来的僧人，我们 2013 年 11 月发现的这个建筑也许就是一个证据。佛塔在山顶上，这块地方是这幅图【图10】的其中之一，我们发现了佛塔的残存。这块石头【图11】是

---

[1] 经测算，其残长 24 米，残宽 9 米，下部用 12 道隔板隔出 13 个水密隔舱，排水量达 400 吨，载重 200 吨，是一艘首尖尾宽、高尾尖底的"福船"型海船，沉船年代大约为南宋德祐二年（公元 1276 年）。

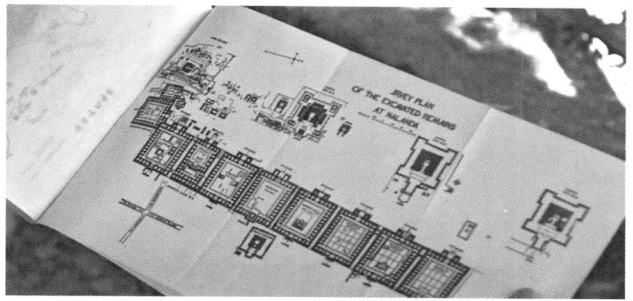

【图9】上。
【图10】中。
【图11】下。

佛寺建筑舍利塔的一部分，也许这儿是用来举行宗教仪式的佛塔建筑。

吴恒灿：这块石头证明了义净的记录是正确的。

公元 671 年 12 月，义净法师来到巨港并在此逗留了半年，其间他学习了梵文和巴列文，同时他还记录了当地的地理环境、社会风貌。相关记录与巨港的西昆当山考古现场完全吻合，进一步证实了室利佛逝王国建立前后，这里曾经是佛教中心。义净法师留下的这段文字记录比印尼历史上最早的文字记录提前了十一年。

吴恒灿：义净是历史上所记载的公元 7 世纪从中国通过海上丝绸之路经努山登加拉西行至印度的先驱。

努哈提（巨港考古局局长）：是的，义净记录了他从中国到苏门答腊，最后到达那烂陀的旅程。

吴恒灿：所以说义净是第一个在著作中记录印尼历史的人。

努哈提：记述室利佛逝时期的印尼历史。

拜访完巨港考古局局长，拿督吴恒灿又和陈来顺博士乘船来到玛谟河进行实地考察。

吴恒灿：据我所知，根据义净所著的书上的记载，他是来到这条河流,对吗?

陈来顺(马来西亚那烂陀学院创办人):是的,他第一次来是从室利佛逝(现在印尼的巨港),就是从这个河口,这边离河口大约有七公里,所以这边是一个自然的避风港,这个地方已经被马来西亚政府命名为"旧羯荼港口"。

吴恒灿:义净在他的书里写的他公元672年到过羯荼,就是这个地点。

羯荼,位于马来西亚吉打州,连接马六甲海峡和孟加拉湾,是一个天然的避风港,历史上曾经从属于室利佛逝王国。这尊公元5世纪的佛像,把我们带回到那个佛教盛行的时代。公元672年,义净来到这里,见证并记录了人们以铁块交换物品的情景。

莫达赛汀(槟城理科大学考古系教授):这里从3世纪到8世纪四百年间都是炼铁的地方,在很多语言中,"吉打"就是铁的意思,比如羯荼(吉打的古代梵语),意思是"铁的世界"。

吴恒灿:所以义净讲过,两个手指的铁,可以换五粒到十粒的椰子[1]。

---

1 义净在著作中记载:"从羯荼北行十余日,至裸人国……彼见舶至,争乘小艇,有盈百数,将椰子、芭蕉以及滕竹器来求市易。其所爱者,但唯铁焉,大如两指,得椰子或五或十。丈夫悉皆露体,妇女以叶片遮形。商人戏授其衣,即使摇手不用。"

陈来顺：对，这就是价钱了。这是义净法师见证的独木舟【图12】，它很特别，下面是平的，所以它可以在河面上漂浮，货物一放在独木舟上面，就用网全部把它包起来，绑好之后就往上游拉。

以铁矿熔炉和古独木舟的考古现场，与义净法师的记载相佐证，拿督得悉，在为人熟知的马六甲海峡之外，还有另外一条水陆相连的重要商道，被掩蔽在马来半岛历史丛林的深处。中国的货物从东部的北大年上岸，穿越丛林与河流，到达西海岸的吉打州，通过印度洋运往中东、非洲和欧洲，并于原路折返而回【图13】，而最早用文字记述这条重要商道的仍是义净法师。

被义净法师称为"狮子国"的斯里兰卡，地处东西方交通要冲，被誉为"东方十字路口"，也是西汉"交趾之道"海上航程的最远端。

佛牙寺以供奉佛祖释迦牟尼的牙舍利而闻名世界，是斯里兰卡最著名的佛寺。沿着义净法师的求法之路，拿督吴恒灿夫妇拜访了佛牙寺九十二岁高龄的方丈——迦拉迦玛·阿斯萨达·西斯罗。

义净法师于公元673年到达东印度的耽摩梨底国[1]，在学习了一年梵文及巴列文之后，前往中印度瞻礼各处圣迹。公元675年，义净留学那烂陀寺长达十年。公元691年，义净法师在室利佛逝著写

1　今印度西孟加拉邦南部塔姆卢克一带。

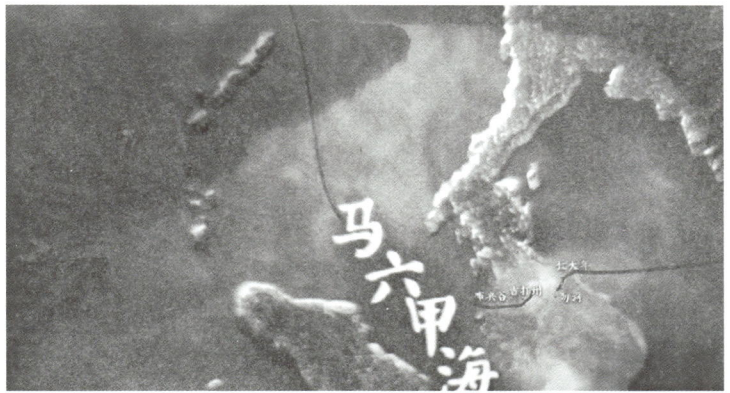

【图12】义净法师见证过的独木舟。
【图13】义净法师最早记录的另一条重要商道。

《南海寄归内法传》和《大唐西域求法高僧传》等书籍,成为记录东南亚历史的先驱与和合文化的见证者。

"广州女士号",从广州到巴黎

住在巴黎郊区的尼尔斯、文森特常常会来到塞纳河边探望他们的老朋友——一艘被称为"广州女士号"的中国古船【图14】。

20世纪80年代初,热爱航海的文森特等人委托中国广州造船厂定制一艘中华仿古船,他们将沿着当年海上贸易之路驶回巴黎。年轻的船主代表文森特和他的伙伴们来到广州造船厂参与监造。在这里他们邂逅了项目总负责人黄钟福、翻译老温等中国朋友,当时为了方便工作,文森特他们吃住都在厂招待所,与中国朋友朝夕相处,建立了深厚的友谊。

【图14】停在巴黎塞纳河边的"广州女士号"。

1981年5月30日，也称作"广州女士号"的"华·埃尔夫号"正式下海，带着不舍和勇气，这群法国年轻人用古老的方式踏上归程。三十多年前的那段航行，尼尔斯终生难忘。

今天他们再次来到这条古船上，回忆当年的点点滴滴。

文森特（"广州女士号"探险队队长）：这是一个罗盘，它为你指引从中国到法国的航向。

正是这古老的中国罗盘引领着尼尔斯和伙伴们挑战了跨越东西的航程。在那之前两年，国际海事卫星组织正式成立，现代航海技术正在进入一个新的时代，但这群勇敢的法国航海家却用一种复古的航行方式，在海上丝绸之路上经受了惊涛骇浪的考验。

狂风巨浪之后，也有风平浪静，但不管怎样，丝毫都不影响这几个法国年轻人全身心享受着那些像古人一样的海上时光。

船上还有专职医生，只要病人有需求，克里斯托夫医生可以二十四小时为他们服务。

追求浪漫的法国年轻人甚至把钢琴搬进了船舱。

文森特：如果我们能找到那些当年和我们一起在造船厂工作的朋友就太好了，我们一群年轻人为了同样一个目的相聚在这条船上，一起度过了一段很难忘的时光,尽管日后大家可能不会再见面。

尼尔斯("广州女士号"船长):与这些中国人的相遇是最美好的。

文森特:我也很希望能再次跟这些人聊一聊,听他们说说关于这段时光的记忆。

时间隔不断心念,光阴的流逝反而加深了对过往情谊的渴求。时隔三十年,尼尔斯再次故地重游,循着岁月的踪迹,拥抱青春时代的那段友谊。

时过境迁,在三十年前老友黄钟福和老温陪同下,尼尔斯努力寻找当年"广州女士号"下水前的点滴痕迹,手中的旧照片像是罗盘,引领他们打捞那些热火朝天又迸发激情的闪亮日子。

尼尔斯:三十五年后,我们回到这里与老朋友相聚,当年我们朝夕相处了一年,完成了世界上最美好的工程,许多人都想去做。每个人都说,我们在场的所有人都是幸运的。干杯。

三十年过去了,"广州女士号"的船坞现场已被现代万吨轮替代。在黄钟福与老温的介绍和陪同下,尼尔斯记忆的闸门被再一次打开。

千百年来，人们寻路而生，追求更好的生活。家族成为交流之路上至关重要的结构性单元，支撑起世界的文明图谱。就这样，文明之树在丝路上枝繁叶茂地生长起来。手艺与传承，一代一代既遵循传统又求新求变，经受历史风雨的考验。世代相传的老字号的故事便是最好的例证，延续与维护老字号金字招牌的艰辛背后，毋庸置疑是家族荣誉感的召唤。

第二章

家承

从中国出发一直向南向西，浩瀚的海底沉睡着无数满载货物的沉船，在那些沉睡海底的货物之中，说不定就有广州"五常号"的瓷器。在"南海一号"考古现场，"五常号"创办人梁大镛的第七代后裔梁基永，正在一点点从历史之海打捞自己家族的辉煌过往，也以外销瓷为路标，追寻一种渐行渐远的东方美学和价值观体系。

瓷器：对外贸易第一主角

每年清明节,在白云山飞鹅岭下的梁氏墓地,人们都可以看到一个扫墓者的身影。人称"西关遗少"的梁基永,是墓中长眠的清末广州"五常号"创始人梁大镛的后人。对先祖的祭拜,不仅仅出于血缘亲情,更在于对一种价值观和处世哲学的重新认识与承接。

作家范晓静多年来一直在撰写十三行的故事,对同一时期的商号"五常号"的历史自然怀有浓厚的兴趣。

范晓静:梁生,我对你家为何采用"五常"做瓷号很感兴趣。

梁基永:"五常"其实就是儒家所讲的仁、义、礼、智、信。另外还有一个含义,就是我先祖有五个儿子,所以叫"五常号"。

范晓静:为什么当年你们家的瓷庄可以做到这么大的规模?

梁基永:除了工艺和技术特别之外,其实还得益于一个偶然事件。大概在道光初年,有一个欧洲商人慕名来到广州,到"五常号"订了一批货物。但没想到那天晚上邻居家失火,整个货舱中的货物全被烧毁了。依照当时的合同条款,只要签了合同,货物就是你的。不论产生任何损失,你都要承担责任,而且要付钱。这样的话这个欧洲商人就面临着破产危机。但是我的祖先知道这件事之后,说了这样一句话:"货物是在我们家的仓库损失的,你们一分钱也不用付。"这个欧洲商人非常感动。后来他回到欧洲之后,就对他认识的所有外销商人讲,当时就说了五个字——"非公货勿售",也就是说,不是"五常号"的货物,你们都不要买。

作为"五常号"的后人,似乎有一种血脉里的文化基因引领着梁基永的行路方向——潜心研读古典文献,遍访世界各地的陶瓷博物馆,探索中国的外销瓷对世界产生的影响。在梁基永以外销瓷为路标的文化寻根旅程中,走访陶瓷世家,也是很有价值的一环。

梁基永:你看,这是我在大英博物馆拍摄的一个麦森[1]仿德化[2]罗汉,和我们自己的一个罗汉【图1】。

苏献忠(蕴玉瓷庄第四代传人):这个比较起来很有意思。

梁基永:从中可以看出文化差异,他们(麦森)不懂得罗汉本身的文化,所以在他们的想象中罗汉就变成了一个张着满嘴牙在笑的欧洲人形象。

苏献忠:对,包括他的衣服线条的处理,很像古希腊的线条处理。我们的这个就很圆润,我们中国传统线条的这种感觉就非常舒服。

苏献忠:看,这个是麦森仿德化的第一件瓷器。

梁基永:哦,这是仿我们的观音【图2】。

梁基永:对。

梁基永:哎,我看出来了,他的手比较写实,骨骼结构很像一

---

1 专指由地处德国萨克森州首府德累斯顿麦森的麦森瓷厂生产的瓷器,以其奢侈、高雅的皇家品质而驰名世界,其诞生源于三百多年前德国萨克森州选帝奥古斯都对于东方瓷器的狂热,故此麦森瓷器与中国有着不解的渊源。
2 指福建省德化县,以烧制白釉瓷器闻名世界,与江西景德镇、湖南醴陵并称中国"三大瓷都"。

【图1】麦森仿德化罗汉（左）与中国罗汉（右）。
【图2】麦森仿德化的观音。

只真的人手，但是脸相好像有点不同。

苏献忠：对，脸相更像他们的圣母的形象，而我们这个还是很有宗教色彩，包括在比例上也是，他们的是很正常的比例关系，我们的就头比较大，这一点他们可能不理解，这是因为我们看佛像的时候通常都仰视，仰视通过透视的时候这样头在比例上会很和谐。

梁基永：其实这就是东西方审美的碰撞。

从遥远的大宋时代起，因土质特别而烧制出独特白釉的德化瓷就蜚声四海，自古以来颇受海外客商的青睐。

在瓷都长大的苏献忠是陶瓷世家。1915年苏献忠的曾祖父苏学金的作品《梅花》就获得巴拿马万国博览会金奖。九十五年后，第四代传人苏献忠作品《"误读"水浒》获得全国第九届陶瓷艺术设计大赛金奖。其间，无数的荣誉和褒扬一直伴随苏氏家族的陶瓷创作。

苏献忠：像我这件【图3】，是我近期的一些感受，把北魏、北齐的那种造像……

梁基永：就是那种质朴的感觉。

苏献忠：对，再通过德化的一些基本线条的塑造方法，把它们融为一体，再把整个脸部虚掉，我不需要它的表情，到最后只剩下

【图3】苏献忠作品。

几条线条，但是这个形体还是很清晰、很干净的。

从小看着父亲端坐在雕塑桌前，手中的一团瓷泥瞬间变得灵动而又充满生机，从那时起苏献忠就对那团瓷泥充满了遐想。

冥冥之中，祖辈的匠心与灵性，瞬间点亮了十六岁的苏献忠，一种莫名的冲动和作为工匠的觉悟让他收心端坐于案前，任由直觉驱使，双手凭心而动，一夜之间，苏献忠进入了一个古老而崭新的世界。

苏献忠：爸，我借鉴了您的薄胎观音的那种简洁形式，还有一部分是这次看一本书，里面的主角跟佛祖有一个对话，从对话里我有很多体会。我把这两者一起融入作品中。

苏献忠：我是用瓷土这样压扁后再一层一层地折叠，是按照这种感觉来做，这布我很自然地折叠，这个部位可以再折一下。这个部位就按照您的薄胎观音折起来垂下来的那种感觉来做的，这样就产生了飘逸的那种感觉。

他致力于以看似隐约实则直接的方式追求德化传统的内在精神，试图脱其形而直叙其意，为传统瓷艺的表达方式寻找新的可能。正是在复古中注入现代感的这种新的可能，引起了国际陶瓷界的关注。2014年荷兰内格勒博物馆邀请苏献忠举办个人作品展【图4】【图5】【图6】【图7】。

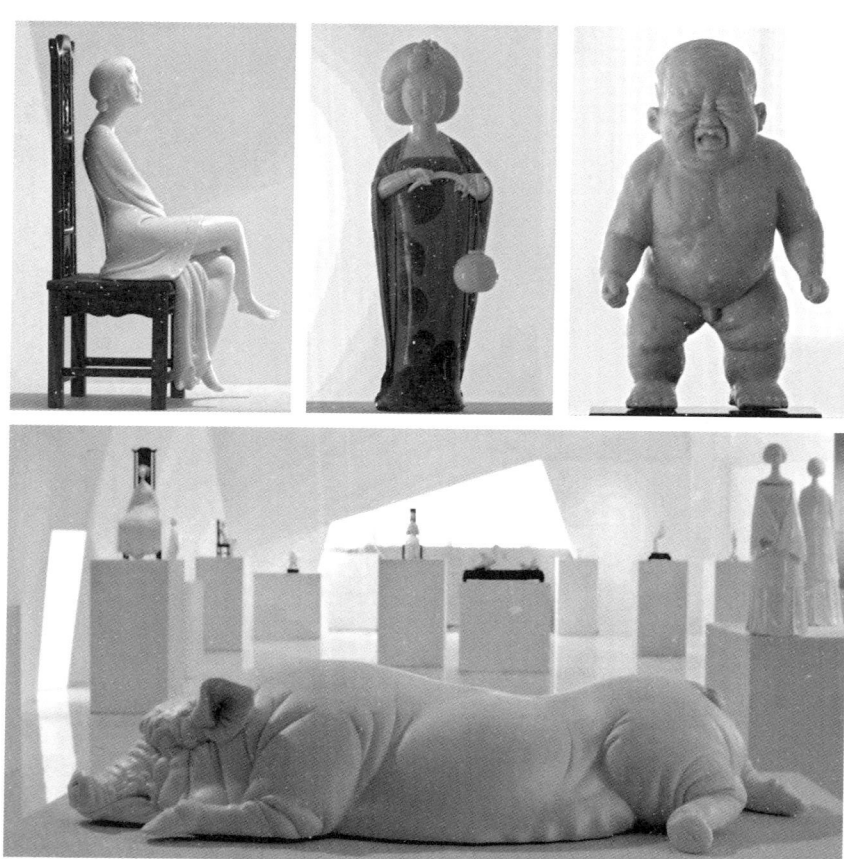

【图4】【图5】【图6】【图7】苏献忠作品。

苏献忠：梁老师，这就是月记窑[1]【图8】。

梁基永：这就是月记窑？

苏献忠：对，这个月记窑一直在烧，差不多四百年了。很多艺术家会把一些东西拿到这里来烧。窑头要1280（摄氏度）左右，窑尾要1360（摄氏度）到1400（摄氏度），窑中间这一段基本1300（摄氏度）到1330（摄氏度）。

梁基永：（窑中间）相比较更稳定了。

苏献忠：很稳定，我们现在烧艺术品基本在窑中间这一段。每次烧可能都会找几次看哪个位置更合适。

梁基永：我们其实很多都用电或其他方式来烧窑，跟传统的方式比，你们认为还有区别吗？

苏献忠：用电烧的太趋于完美、干净，可能很多人在感觉上想要一种新的东西，就需要用龙窑[2]，因为龙窑的不可预知性是很强的。

在工业化大潮的冲击下，苏献忠还是坚持理性地为陶瓷的东方韵味保留着工艺上的那些不确定性，正如中国古人充满玄机的那些箴言——"天工开物，道法自然"。

---

1 明清时代的名窑，位于福建省德化县三班镇蔡泾村，是德化现存最悠久的龙窑，也是研究古法烧制柴窑的必选之地。
2 是我国窑炉的一种形式，为长条形，依山坡而建，自下而上，形似龙蛇，故名。多建于江南地区的坡地上。

【图8】月记窑。

因同样得海路之利,广东潮州也成为陶瓷走向世界的重要地标。潮州瓷器的烧制始于初唐,北宋时最为发达,潮州城外韩江东岸的笔架山麓是当时的瓷器生产区,有"百窑村"之称。东亚、东南亚、南亚、中东地区的各个国家都发现了宋代潮州窑瓷器的踪影,可见潮州是中国瓷器外销量迅速增大之后蓬勃发展起来的专烧外销瓷的陶瓷重镇之一。

李炳炎(潮州市颐陶轩潮州窑博物馆馆长):潮州窑在北宋时期工艺已经非常发达,瓷器的代工应该可以追溯到北宋。打个比方,像这个烘手壶【图9】,其实唐代宫廷上也有这样的造型,在波斯这个是伊斯兰国家金银器的造型,我们拿过来把它做成了陶瓷。明清主要以生产青花瓷为主,青花瓷是在海禁背景下得到了促进,我们的青花瓷主要还有外销(瓷)的一些造型纹饰,它的这些圆圈其实也是阿拉伯国家那边的花朵、花蕾的一种表现【图10】。

梁基永:你看碗心这些地方,除了厚重,我觉得应该是还有一点儿阿拉伯宗教色彩在里面。你看碗心的这些心形的花纹,还有这些你说不出的什么东西,这个开光里面的这几个花纹【图11】。

李炳炎:估计当时是应他们的要求画的,我们当时潮州窑出的这些青花瓷主要就是销往东南亚,还有中东国家。

从加拿大留学归来的林秋杰,对家族三代从事的外销瓷的生产和设计,有着自己的见解和体会。

梁基永:这一块就是我们的亚太经贸合作组织用瓷吧?

林秋杰(广东伯林陶瓷实业有限公司总经理):是。

梁基永:在这个系列里【图12】【图13】,我看到很多设计理念甚至很多中国风的东西,你自己怎么看?

林秋杰:中国有五千年的历史,有取之不尽的资源,这是别的国家所没有的。我们的这种风格,有中国的元素,再借鉴这些名瓷的构图、用色、线条、比例,所以中西合璧。

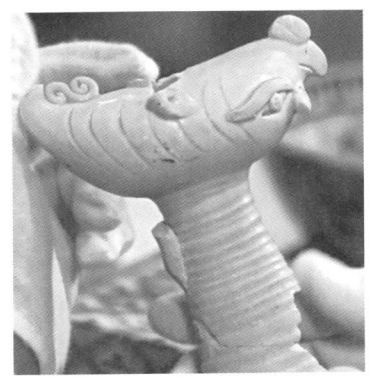

【图9】上左。
【图10】中左。
【图11】中右。
【图12】下左。
【图13】下右。

开阔眼界之后的林秋杰深深意识到,面对竞争日益激烈的外销瓷市场,延续家族传承,最要紧的还是文化自信,要让每一件瓷器携带更多的中国文化基因和东方之美。

瓷器作为一种日常器物,却带着浓浓的东方文化韵味,一千多年来一直吸引着世界的目光。宋代以后,瓷器成为中国对外贸易的第一主角。迅速扩大的出口贸易,也催生了更多的口岸重镇,古称"刺桐"[1]的泉州就崛起成为"东方第一大港"。北宋元祐二年,泉州设置了外贸管理机构"市舶司"[2],按当时的"以瓷博易"政策,瓷器几乎拥有了"货币"的属性。

由泉州或广州出发,经由南海而至东南亚、南亚、西亚、北非乃至东非沿岸各港埠,一船船精美的陶瓷为世界带去了响亮的中国问候。

在苏献忠的作品中,佛像也是永恒的主题之一。2015年,苏献忠收到了德国麦森瓷器的邀请,为了准备这次麦森作品展,苏献忠又来到千年古刹泉州开元寺重新寻找灵感,古寺中肃穆的氛围给他无限的想象。

与此同时,带着中华瓷器文化的研究成果,梁基永来到新加坡

---

[1] 南唐保大五年(公元947年)清源军节度使留从效,在闽国灭亡后割据漳、泉,将唐代的泉州城扩大了七倍,同时在城内遍植刺桐树,所以泉州又被称为"刺桐"。
[2] 广州、明州元代之前的市舶司遗址俱已湮灭,泉州老城的市舶司遗址水仙宫是中国唯一保存下来的宋代海关遗址。

陶光龙窑考察当地土生华人的作品。

陈德育（新加坡陶光工艺私人有限公司总经理）：陶瓷在东南亚也融入了本地土生华人的一些色彩。在19世纪，我们称本地的土生华人为娘惹和峇峇，他们就定制了一些属于他们的日常杯盘碗之类。

梁基永：就像我们看到的这种？

陈德育：对，这些陶瓷颜色非常鲜艳，主要色彩有黄绿红，像这个【图14】就是土生华人的习俗，他们一般是以母系制度为主。

梁基永：就是女性有话语权？

陈德育：是的，也可以这么说，所以他们就以凤作为他们的象征。

【图14】新加坡陶光龙窑中的土生华人作品。

苏绣：比瓷器更早惊艳世界

兰玉

时装设计师

更早惊艳世界的当然是丝绸。早在公元前 4 世纪，中国的蚕丝便已传入印度和欧洲。在中国因瓷器被称为 China 之前，罗马人因"丝"的希腊文发音，将未曾谋面的中国人称为"赛里斯"。奥古斯都执政期间，"赛里斯绢纱"成为罗马官宦之家必须拥有的奢侈品。丝绸和刺绣形成的一种优雅的腔调，在时尚生活领域一直吟唱着绕梁的音韵。

在巴黎大皇宫的高级定制时装周上，年轻的设计师兰玉以中国丝绸为主题，融入现代时装设计语汇，获得了国际时装界的关注与认可，而其灵感的源泉正是来自于家族的传承。

兰玉的外婆和妈妈都精通苏绣，自幼耳濡目染于古老苏绣的细腻灵动，在西方语境的高级定制礼服的设计和制作过程中，血脉中的文化信息自然从兰玉的内心流淌出来。

兰妈妈：我刚开始学苏绣的时候才十二岁，是跟我外婆学。我小时候见了就特别喜欢绣，开始绣衣服、帽子，越绣越喜欢。那时候白天绣、晚上绣，晚上点上煤油灯，也不亮，你外婆还嫌我点灯烧油多。一辈子喜欢做这些针线活儿，现在我到八十、九十也还是喜欢这个。

作为一个传统绣娘的兰妈妈，既要保持自己的爱好，又要延续家族的传承绝非易事。但可喜的是，看到女儿为这门古老技艺赋予了新的生命亮色。从小看着外婆和妈妈针线飞舞长大的兰玉，也十分享受跟着妈妈一起刺绣的那种静气和禅意。

兰玉：妈妈，苏绣最重要的是什么，是耐心吗？
兰妈妈：对。
兰玉：平绣就是越齐越好吗？
兰妈妈：对。
兰玉：但我绣不平怎么办？
兰妈妈：工夫不到。

行走在时尚前沿和古老传统的边界地带，兰玉面对应接不暇的一个个国际参展命题，萦绕于心的是如何将来自血脉的对苏绣的感受与西方时尚观念进行有韵味地融汇；如何在丝绸面料上继续维持有如两千年前罗马人初遇"赛里斯"的那种文化惊艳感。

兰玉：苏绣在这个地方还挺合适的，因为整体来看，除非是这一片或这一片，否则这么一大片苏绣，把它解剖开了也不合适，还是要突出苏绣的精细，要不然老师傅们绣了这大半年……

国际参展事无巨细,如何理顺纷繁的细节,凸显主题设计概念,这是兰玉和她的团队必须面对的挑战。

兰玉:通过苏绣这些视觉上很美的东西,引导大家回到中国那个最绚烂的时代。

2015年1月,巴黎大皇宫高级定制时装周上的专场秀拉开帷幕。这一次,兰玉以女性恋爱那种"爱到极致便是忧伤"的东方爱情观为主线,把中国红、苏绣、宋徽宗的书画等中国元素编织成富含韵味的绮丽画卷,呈现于世界的舞台,作品名为《蝶舞迷香》。在世界舞台的侧幕,妈妈的身影依然带给兰玉一种踏实的感觉。

大秀再次成功,法国高级定制协会特意派人前来观摩,考察这个正在申请入会的年轻的中国品牌。

干漆夹苎：源于东汉的古老技艺

自古以来，手工业的兴起和手工作坊的空间聚落促进了中国市镇的形成。浙江台州就比较完整地保存着一条古老的街市。紫阳街曾是千年台州府城最为繁华的街市，经过历史风雨洗礼的家族手工作坊——老字号，让这个空间充满前工业时代那种朴素的暖意。而那种暖意很大程度上来自手艺传承的家族，即便是非血缘的师徒传承，也恪守着"一日为师，终身为父"的理念。

浙江天台山一带的干漆夹苎造像工艺，就通过师徒传承的方式流传了千年。

五十多年前，十二岁的汤春甫机缘巧合地在天台山华顶寺拜艺僧释广弘为师，在严格的师传徒模式下，心摹手追，继承了共有四十八道工序的干漆夹苎造像的手艺。

作为干漆夹苎造像工艺唯一的一位传承者，时隔半个世纪，汤春甫仍然延续师传徒的方式选择了两位青年作为承继者。干漆夹苎技术出自东晋隐士戴逵之手，因用此法造像轻便、不裂缝，一时风靡四海。

汤春甫：你们来这里学艺的目的是什么？

徒弟：答师傅，这门技艺作为当地的非物质文化遗产，我觉得难能可贵，我们有责任也有兴趣将这门技艺不断地传承和发扬下去。

徒弟：我们这个手艺干漆夹苎已经有一千八百多年的历史了，我很想把它学到手，再把它发扬下去。

汤春甫：做人要讲规矩，学艺要讲规则。所以你们要有思想准备，有时候一个作品需要两年、三年，有的好作品需要十年、二十年。

干漆夹苎的原料都因地制宜地来自天台山，包括天然的漆液以及苎麻、桐油、朱砂等。制作时，先用木胎泥模造出底胎，然后在泥胎外面粘上数层苎麻布，之后在布胎上彩绘，干后去模，形成外实中空的漆彩雕像。完成一件作品需要四十八道工序，其中夹苎和贴金两道工艺难度最大。夹苎过程中不能混入空气，贴金则不能留下缝隙。

汤春甫：这道工序非常重要，我们要开始包装麻布【图15】。涂好以后再用麻布，麻布主要是要求平整，麻布的缝要密封，像我们这尊佛像，做好大约需要一年时间。

汤春甫：（涂漆）要非常均匀，没有气泡，厚度要把握得非常准确【图16】。

汤春甫：这个金箔贴好【图17】以后要放三十多天，三十天以后再放上一层保护层，这个保护层也是生漆。

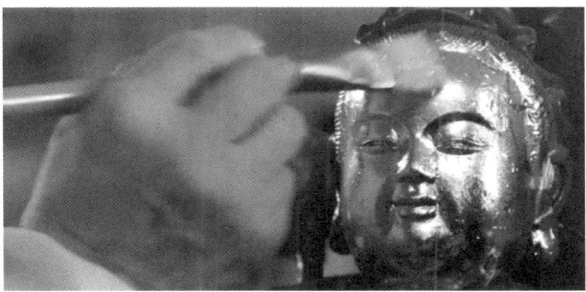

【图15】上。
【图16】中。
【图17】下。

千手观音是汤春甫的代表作,完成一件作品往往要倾注几年至十几年的心血,不仅造型上要生动,工艺要精准,尺寸的不断刷新也让挑战变得更大。

这尊高度为二十六米、总重量一百六十八吨的观音像【图 18】,将是世界上最大的千手千眼观音像。

专注于造像工艺五十年的汤春甫因制作精良而蜚声海内外,往往要提前三到五年预约,才有可能求到他的作品。

迄今为止,东亚、东南亚、欧洲的六十二个国家和地区的国宝馆、美术馆和宗教场所收藏供奉了他两万三千多件作品。其中数量最多的是来自日本的收藏者。

汤春甫制作的佛像在日本的流传与佛教东传有关,在公元 753 年,鉴真大师第六次从浙江台州起程东渡,在日本唐招提寺入灭后,追随大师东渡的艺僧思托采用"天台山干漆夹苎技艺"依鉴真其人大小、生前形貌制作了一尊"干漆夹苎彩色坐像[1]",该像成为日本美术史上最早的肖像雕塑,一直被日本人视为最珍贵的国宝【图 19】。

受鉴真大师的影响,公元 804 年,日本僧人最澄搭上遣唐使的

---

1 此像高二尺七,鉴真和尚瞑目含笑,双腿盘坐,双手叠放于双腿之上。松尾芭蕉瞻仰塑像时,正值初春新叶生长,见阳光折射在鉴真失明的双目上,似有眼泪欲滴,感慨之际赋俳句一首:"愿将一片新叶,揩掉您的眼泪。"

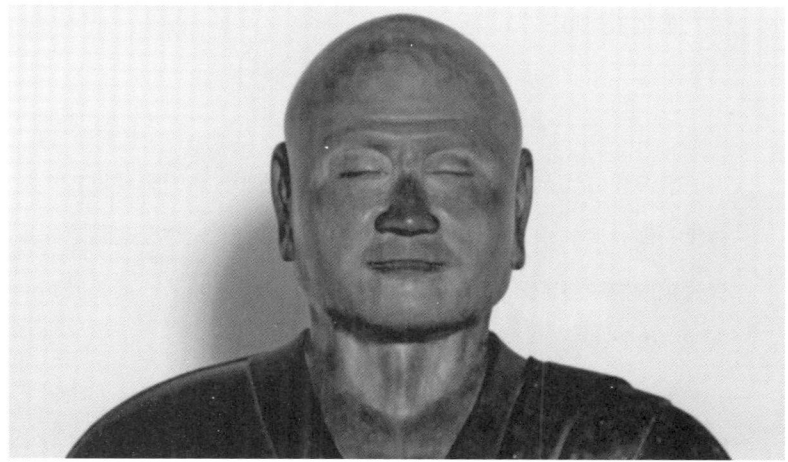

【图 18】汤春甫代表作"千手观音像"。
【图 19】干漆夹苎彩色鉴真坐像。

船舶，乘风破浪来到中国求法，在抵达台州后，他曾在临海龙兴寺稍作停留，之后便去了天台山国清寺学习佛法。

2015年5月，已九十一岁高龄的日本僧人村上博优又来到宁波，这是他第一百一十次来访。

除了佛学交流，他还致力于研究中日瓷器史的重要课题。在对浙江出土的考古器物的观察中，村上博优发现了中国唐宋时期瓷器东传日本的证据。

> 村上博优：这里制作的釉和器型都很漂亮，像这样的器型在日本有很多【图20】。因为当时在唐朝，有很多遣唐使过来，也带回去很多瓷器，特别是在南宋时期。

宁波在古代被称为明州，一直是海上对外贸易的重要港口，从古代大型仓库的永丰库遗址，可以大致推测出宋元时期明州港的舟楫云集的繁荣景象。宁波与日本往来密切，南宋时期一批工匠和僧人把宁波的建筑、书画等技艺传播到了日本。

东京国立博物馆收藏的《五百罗汉佛画图》出自宁波海曙区石板巷的画匠。在奈良以"圣地宁波"为主题的作品展上，展出了《五百罗汉佛画图》中的两幅【图21】，《十六罗汉图》图上清晰可见"车桥石板巷陆"的落款。

【图 20】浙江出土的中国唐宋时期的瓷器。
【图 21】《五百罗汉佛画图》中的其中两幅。

中华文化东传日本的历史可追溯到公元前 2 世纪之初，日本文化出现了一个突然的飞跃，出现了陶器、铁器，并开始种植水稻。日本历史学者们经研究公认这一突然的飞跃，来自中国秦汉时期的先进文化的东传，学界称之为"弥生文化"。

而到唐宋时期，造船和航海技术的大幅度进步，使天堑变通途，为数不少的日本僧人、学者、商人纷纷往来于中日之间。文明的河流自然流淌，很多当时流行于中国的手工技艺传播到日本，并以中国传统的家族传承方式在日本代代相传。

当年和空海[1]同列入"唐八家"的日本高僧最澄从天台山学法归来后创立了日本天台宗，比睿山成为日本佛教天台宗的大本山，由于历史的渊源，汤春甫的造像作品颇受日本佛教界人士的推崇。

许多日本佛门重地如天台宗国宝馆、比睿山延历寺千手观音万拜堂、曹洞宗永平寺国宝馆都供奉着汤春甫以心血造就的佛像。

汤春甫：这个佛是用我们天台山最好的五香松做的，可以保存两千年。

1　与最澄一起随遣唐使船进入大唐，回国后创立了日本真言宗东寺密宗（东密），最重要的是，他还创立了日本文字。

味噌：风靡日本的中国味道

出于习惯，日本人几乎每餐都离不开味噌[1]，有史料记载，味噌最早发源于中国，由唐朝鉴真和尚传到日本。

日本最古老的味噌家族企业——丸屋八丁味噌的传承人浅井正在接待到访的中国代表团。

浅井：17 世纪开始在这里做味噌，现在日本只有两家八丁味噌的仓。味噌也叫酱，是从中国通过朝鲜半岛传到日本的，后来日本各地做出了不同的味噌。我们这里的酵母菌、乳酸菌、酵素是世世代代传下来的，所以这边应该有点儿像你们故乡的味道，希望你们能感受到故乡的味道。

丸屋八丁味噌有六百七十年历史，传承人浅井在制作工艺上坚守传统，古法制酱。

这些木质的酱缸和缸顶上叠成小山状的大圆石【图22】，已经有上百年的历史。而用石头压住缸内的豆酱以保证发酵，是味噌制作的核心工艺环节。按行规，学徒要入行八年才可以开始学习压石工艺，丸屋的染次一郎便是其中翘楚。

---

[1] 以黄豆为主原料，再加上盐以及不同的种曲发酵而成，大致上可分为米曲制成的"米味噌"、麦曲制成的"麦味噌"、豆曲制成的"豆味噌"等，其中"米味噌"的产量最多。

【图22】制作味噌的木质酱缸和缸顶叠成小山状的大圆石。

浅井：染谷君，你在这里工作几年了？

染次一郎：有十六年了。

浅井：堆得很好看，摸它们的感觉如何？

染次一郎：上面能看到石头的脸，能感受到前辈们留下的信息。

浅井：其实我也在这里很长时间了，不过很难分清楚。能跟石头做好交流的人，才能做出好的味噌。

家族传承是维持工艺传统的重要保证，因此传承人就显得至关重要。为了更好地延续家族传承，浅井的目光落到了加藤身上，加藤有头脑、做事踏实，是理想的候选人。

浅井：这是我们一代代传下来的制法账【图23】，是在1722年写的。我们工厂（现在）还是按照这个制法做味噌。这里写了水和盐的分量，这里写清楚了每个大桶的情况。在味噌仓工作的人，按照这个不均匀的数字做出味道均匀的味噌，我们仓一直是这么做味噌的。

在同一条街上，还有一家味噌老店"久家"，与"丸屋"是竞争对手，但两家又是世交。

"丸屋"的祖先在战争年代曾遭遇濒临破产的危机，请求"久家"收购，但"久家"当年的掌门人并未乘人之危，而是出手相援。于

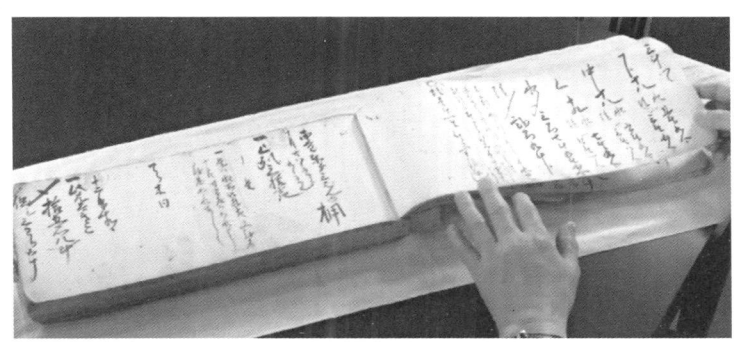

【图 23】"丸屋"代代相传的味噌制法账。

是两家至今在竞争中仍保持着友谊。

虽然这是一个延续了数百年的传统家族企业,但社长浅井思想开明,在企业的经营中引入新思想。随着樱花季的到来,以旅游业带动品牌经营,让更多的人品尝到古老的中国味道。

千百年来,人们寻路而生,追求更好的生活。家族成为交流之路上至关重要的结构性单元,支撑起世界的文明图谱。就这样,文明之树在丝路上枝繁叶茂地生长起来。手艺与传承,一代一代既遵循传统又求新求变,经受历史风雨的考验。世代相传的老字号的故事便是最好的例证,延续与维护老字号金字招牌的艰辛背后,毋庸置疑是家族荣誉感的召唤。

茶叶是中国近代以来最重要的出口商品，大约四百年前，为了寻求更好的生存方式，带着家乡安溪的茶叶和挑战生死极限的勇气，一群闽南人远离故土，下南洋闯荡。多年之后，他们融入了当地的生活，拥有一席之地。但萦绕心际的，是不绝如缕的乡愁。

第三章

原乡

在泰国曼谷花市街，老字号林立，刚刚留学归来的白姗姗每天都会穿过花市，来到母亲王显娇经营的百年老字号王阳春茶庄。

在弥漫着茶香的空间里，在母亲期待的目光中，王显娇的三个女儿不期然找到了身份认同感，找到了迷失已久的精神故乡。

献给世界的礼物

王文礼

王氏铁观音第十三代传人

每年五月的采茶季节，在安溪茶山上，王氏家族的海内外族人都会相约聚在先祖王士让栽下的一棵母茶树下，泰国王阳春茶庄的传承人王显娇，带着她的三个女儿与侄子王文礼相会了。而族亲王大猷更是有幸与失散多年的印尼亲戚今天也在此团聚。

王氏家族枝繁叶茂，人丁兴旺，从先祖王士让开始，至今已有十三代后人。相传先祖王士让奉调入京时，随带家乡名茶敬献乾隆皇帝，乾隆皇帝以茶之色泽乌润、沉重似铁为由，遂赐名为"南岩铁观音"。王氏家族以此自勉，代代从事茶叶的种植和贸易。大部分后人仍居住在安溪茶园，部分后人随着茶叶贸易下南洋，在泰国、印尼等国家定居。每年春天的采茶季，海内外族人都会相聚母茶树下，向先祖敬献新茶。

从先祖1736年发现铁观音，传到王文礼这一代刚好是第十三代。作为铁观音的传承人，王文礼除了掌握茶叶的种植、炒制工艺外，更多的心思放在了如何从观念层面传播铁观音的文化价值。一百多年前，他的曾祖父王滋培，勇敢地走出安溪，把铁观音带到了东南亚。今天，王文礼将目光投向了更广阔的海外市场。

王文礼：我们铁观音的泡法，第一道要三十秒，第二道要十秒，第三道要二十秒；第一道稍微淡一点，第二道很浓，第三道其实是精华。不加花而有花香是铁观音最独特的地方。

第三章 原乡

1856年，王文礼的曾祖父王滋培为了生计，把茶园和茶厂交给家族管理，离开家乡，率先在泰国开办了信记茶行，信记茶行以诚信经营闻名东南亚。随着业务的拓展，信记茶行还在泰国开设了多家分号，一批又一批族亲在王滋培的带动下来到泰国，王显娇的父母就在其中。

祭祖之余，王文礼带姑姑和三个堂妹参观了八马的茶园。（其实）对王显娇来说，安溪的茶园已是再熟悉不过了。虽然身在海外，但每年春天她都会回来选茶、走亲戚。

王文礼：姑姑对这个茶园有什么印象？

王显娇：这次感觉不一样。

王文礼：不一样？现在有什么不一样？

王显娇：变化很大，感觉这次茶园建得有系统、有规律，以前的没有这么好，看了很开心，很漂亮。

王文礼：姑姑您的中文讲得真好。

王显娇：这得感谢我妈妈，她从小就坚持让我读中文，有时候我读泰国故事、小说，很是迷恋，结果被妈妈看到，她就把我的书扔到垃圾桶，她说以后我再看就不给我零食、零用钱，后来我就坚持看中文了。

虽然客居他乡，但王显娇的母亲坚持不让儿女们放弃中文，日常的语言成为游子与故乡之间最真切的纽带。这一次王显娇把姗姗、盈盈和佩佩也带回安溪。对她们来说这不是一次简单的访亲探友，这是海外游子的原乡之旅。

王文礼：三位妹妹来到家乡，看到这茶园，有什么感觉？

白佩佩：我觉得回到外公外婆的家乡，跟亲戚见个面，感觉很温暖。

白姗姗：它让我想到当年外公外婆在这里种茶的情景，尽管我没亲眼看到他们怎样工作，但我能想象他们是多么艰辛、多么努力才使这里的茶成为中国最好的茶。

每逢这个季节，除了八马自己的茶园，王文礼常常还会带着品茶师，走访族亲的茶园，品鉴炒制好的茶叶。

族亲：这些茶叶都很好，茶叶基本是天气好，产量就好。

王文礼：这个茶不错，很有味道。如果筛选得彻底一点，青草味就会消退，闻起来没有青草味反而有种苹果味。

王水办：要炒出好茶就得生长得好，长好了润度就好，就可以做出好茶。你们家里的长辈长期在我们这里买茶，我们的茶种在哪一块地他们都知道,因为他们很内行……

新茶即将上市,王文礼邀请东南亚的亲戚们品尝刚刚制作好的头茶。

白姗姗:从我自己和泰国市场的角度来说,我更喜欢一号和二号,因为它们闻起来不是那么浓,有点像香水的味道,这种茶泰国人可能会更喜欢。

苏卫:我觉得第一泡比较像台湾的高山茶,喝起来水比较细,最有茶味。

王文礼:我们已经感觉到,泰国口味跟台湾口味还是很像的,现在我想请我们的表哥荣南兄来说一说新加坡人喜欢的味道。

魏荣南:其实在新加坡,我们的市场,他们喝茶都怕苦和涩,所以一般会取向清淡一些的。

王文礼:这种清香型的比较淡雅,这种特征目前来说应该是比较符合市场口味的。我们很多人讲好茶,什么叫好茶?我认为适合你的口味的就叫好茶,适合她的口味的就是好茶。

魏荣南:我曾经在新加坡讲过一次课——如何分辨好茶?那时我引用《道德经》里的话,叫作"众之所好为优,众之所恶为劣",就是说主要还是看市场趋向,假如你在一个地方销售,那边的人习惯哪个口味，你就必须做那个地方的口味，以适应他们的销售，不然你要改变他们，会费更多的力气。

魏荣南是王文礼的表哥，一个世纪前，魏荣南的曾祖父在新加坡开设了茂苑茶庄，到祖父魏宜转接手茶庄时，茂苑茶庄在新加坡已完全站住了脚跟，之后他与家乡的联系就从未隔断过。

魏荣南：1996年我祖父迁回中国的时候，这张照片是跟着他的骨灰进来的，现在给我的感触良多。那个时候我带着我的小儿子（才八岁）一路送他，全村人都出来迎接，看到他们跪在路边，我的孩子还问我，你看那些老人跪在路边。我说你祖父不算是很有钱的人，但他倾力为这个村做事，所以大家尊重他，他为这个村子（建了）第一所小学，还取水电，修祖祠，这些可以做的他尽量做，还常常汇钱回来救济在这里的一些亲戚朋友，所以大家都记得他，为他流泪。

王文礼：这是我第一次来表哥您的茶园，感觉真是不一样。

魏荣南：我准备把这个生态茶打造成世界上最清洁的茶，这个东西其实产量很低，但最主要的是一个效应，通过这个效应可以让更多的人关注安溪。其实我是在1987年第一次回到这里，很想知道祖父年年挂念的地方是什么样子，那时候路还很不好，乡亲们住的还都是那些老屋子，生活很辛苦，所以回来的时候我有一种感触，我说难怪我祖父要（回来），因为他的亲人在这里。1989年他行动不便，我们几兄弟，还有我爸用轮椅把他载回来，来到农村他要看所有的屋子，村里的族人背着他到每一间祖屋去看，看完了他说我不想回去了。不过他后来跟我说，以后我百年归老你把我送回来，所以才有1996年我们把他迁回来的事。如果讲起我祖父，我们家里每个人都敬佩他，当年他说他十三岁跟着我的曾祖父下南洋去卖茶，所以1931年就轮到他们几兄弟自己下去卖茶了，到今天，他跟家乡的联系从来没有断过，所以这才是真正的根，他把我们也带回来了。

树高千尺忘不了根，一直受茶叶之惠在海外立足，如今如何反哺故乡的茶山呢？受祖父的影响，魏荣南回到了安溪松林头，决心种植出世界最好的生态茶，这不仅是他个人的事业，更是对祖先、族人的一种报答。

斗茶[1]【图1】是每年新茶上市前的一场重要活动，王氏族人自然不会错过这个环节，斗茶者各取所藏好茶，品头论足，互不相让。

王文礼：大家不要争了，我觉得这两种茶都是好茶，都是值得

---

[1] 斗茶流行于宋代，无论达官贵人还是贩夫走卒都引以为时尚。宋人斗茶主要以茶汤的颜色和茶沫决定胜负。茶色"以纯白为上真，青白为次，灰白次之，黄白又次之"；茶沫以"咬盏"为佳，所谓"咬盏"，即汤面"乳雾汹涌，溢盏而起，周回凝而不动"。

【图1】颇有仪式感和文化感的"斗茶"。

买的,但是这两种茶确实是不一样的,比如说这个烘的是比较传统的火候,适合卖给南方,这个比较适合卖给北方,这就是最大的区别。这是从专家的角度说,但是从市场情况看,铁观音一定要香,你打开闻杯盖的时候会觉得它很香,所以从市场角度说,一定要倾向于走这个类型。

同是铁观音第十三代传人的王大毅,带领着家族企业一直坚守传统的手工制茶,恪守传统经营模式的王大毅会经常受到侄子王思仪的挑战。

王大猷：你不要整天跟我讲电子商务，当时我们的祖先不是没有电子商务吗？从质量上（下功夫）照样能把生意做得很大，你以后要多从这方面下功夫。

王思仪：要注重品质，但是做好的茶也要有销售渠道。祖公当年从厦门去印尼就只有一家店，但电子商务不一样，只要你有一家网店，面向的就是全中国，铁观音通过电子商务卖给全中国、全世界，这也是一种渠道。

王大猷引以为豪的祖公王三言曾是"泰山楼"的第一位主人，是种茶、制茶的行家。

王三言首创布巾包揉法【图2】，即用2.2尺见方的龙头白布，趁热包裹茶团，搁置在长板凳上，用手推、压、滚、转茶包，使乌龙茶外形条索紧结、弯曲、重实，为香高味醇的乌龙茶添色增美，同时又便于运输，成为茶叶贸易迅速拓展到海外的先决条件。

20世纪初，王三言派遣孙子王炳炎在印尼的吧城、雅加达等地开办了梅记茶行。

王炳炎是王大猷的曾祖父，一去南洋便与家人失去了联系。

如今他在印尼的后人已有一百五十多人。今年的采茶季，离散多年的亲人终于又寻着茶香回到了安溪。

【图2】王三言首创的布巾包揉法。

王大猷：我们都是纯手工制作，摇青、揉捻都讲究纯手工，这样做出来的铁观音客人们很喜欢。

亲戚：最好的茶是在什么时候？

王大猷：茶一年分为两个季节，一个是春，一个是秋。春茶讲究的是水，秋茶讲究的是香，俗话说春水秋香。

王大猷：我们用的这个（制茶方法）是最古老的。

王琳娘：从我一出生就知道爸爸一直在做茶叶，爸爸那时候很辛苦，十一个孩子，又要养家。茶叶生意不好的时候，他就在山上种马铃薯，只知道叫我们读书，不叫我们帮忙。爸爸很坚强，他没有流过眼泪，就算生活再苦，也是他一个人来承担。嗅一嗅茶叶的香味，就会想起我爸爸，看到你们这些亲人我很激动，我看见你爸爸的长相，就会想起我爸爸的长相，因为都一样。可是我最遗憾的事情就是，我爸爸活到九十五岁没有机会再回家乡一次，如果能有机会再回到老家，他也一定会很高兴。

对王琳娘来说，闻到故园的茶香便找到了归属。正是受这种归属感的引领，即便历经千辛万苦，漂洋过海的游子们也要重返故乡。

一年两次的"广交会"，吸引了来自世界各地的商人，利用这次"广交会"，尽快启动电子商务的国际营销模式，成为王思仪眼下最紧迫的目标。

王大猷：今年的天气很好，产出的铁观音也很香。

刘俊光：很清香，茶汤很淡但香味很好。我是做茶叶的第四代传人，我的曾祖父曾下南洋，一九零几年就在那边做茶叶生意。

王思仪：这个茶叶在互联网上卖，比如说像马来西亚的、新加坡的这些客人，来到我们网店就跟来到我们茶园一样，直接在我们当地买茶叶，我们直接邮寄给他们，这就是从茶园到茶杯的一种模式。

改变了世界的生活方式

茶叶，是中国献给世界的又一份礼物。这一片小小的中国树叶，千百年来，改写了全球人类的生活方式，也建构了一幅巨大的贸易地图。

茶叶外销可追溯到南北朝时期，5世纪后期，土耳其人在蒙古边境，以物物交换的方式，最先尝到茶叶的滋味。阿拉伯人大约在公元850年就通过"海上丝路"闻到了茶香。宋元时期，茶叶成为商船上的常客，一箱箱茶叶从泉州港出发，漂洋过海去迎接不同国度沸腾之水的洗礼。茶叶贸易越来越成为炙手可热的商机。

于是，往来频繁的商船不仅载着一箱箱的福建茶，也载着一批批闯南洋的勇者背井离乡。

马来西亚历史最悠久的茶行"广汇丰"地处华人区中心，顾客以华人为主，但今天广汇丰第四代传人刘俊光一大早就在这儿等待一位马来客人的到来。

刘俊光：拿督，欢迎来到我的茶店，我们为所有大型超市供应茶叶，你们在这儿能找到各种茶叶，这个茶店是我曾祖父在1928年开的。

拿督：现在是第几代了？

刘俊光：我是第四代了。这是我曾祖父留下来的旧招牌【图3】，快一百年了。这茶是我从中国带来的，是从广东市场一个茶商那里

【图3】马来西亚茶行"广江丰"的旧招牌。

买来的,他家经营茶叶已经有十三四代了,他们的祖先发现了这种铁观音。铁观音是乌龙茶的一种,你闻一下,味道很陈。

拿督:你知道吗,古人也喝这种来自中国的茶。

刘俊光:是的,六百多年前,郑和七次下西洋,把喝茶的文化带到了马来西亚。

在泰国曼谷,百年老店王阳春茶庄迎来了它的第三代传承人——白姗姗,在妈妈的支持下,白姗姗准备接手茶庄的经营。白姗姗每天都会跟妈妈王显娇一起选茶,包茶,管理账目,因为她内心深知维系好家族事业的延续,是一份不容推卸的责任。

王显娇:把包装纸提起来,把它立起来,就这样折一下。

白姗姗:是这样吗?

王显娇:这边像花朵一样,先折进去一点点,再折出来,这样就不会重叠在一起,往里面折深,一点点再抬起来,要根据茶叶来调整高度【图4】【图5】。

白姗姗:妈妈,为什么我们店里还保留这种传统的包装?

王显娇:包茶这种技术活也是一种艺术,是中国的传统文化,我们应该传承下来,大家都喜欢这种包装。

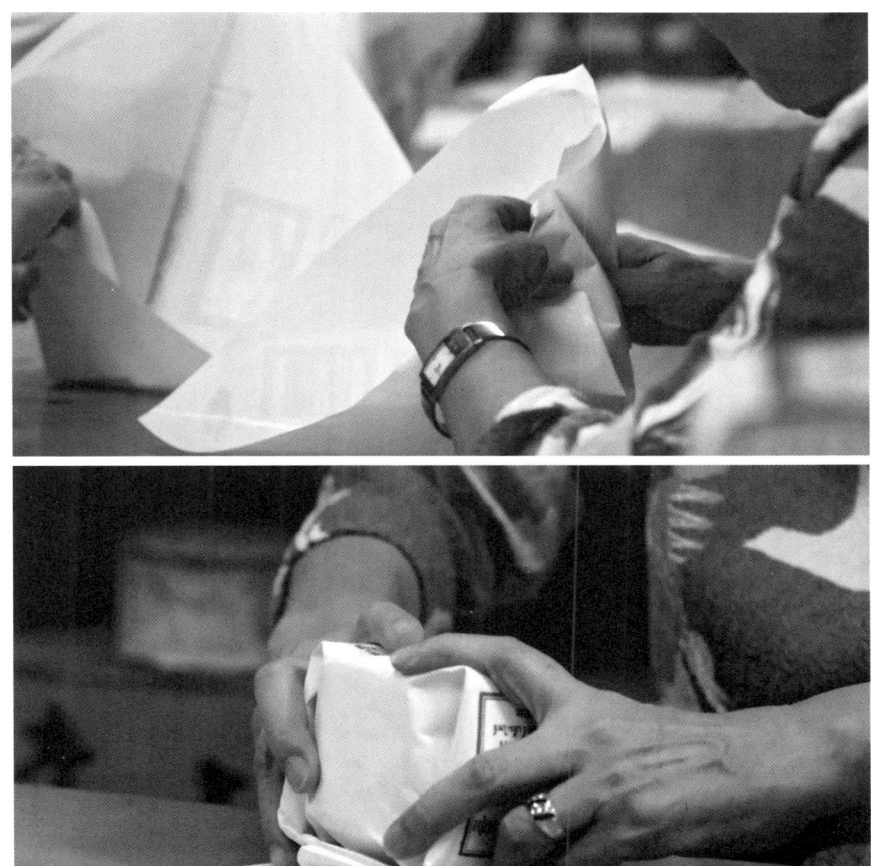

【图4】【图5】王显娇教女儿包茶叶。

新茶叶即将上市之际,白姗姗和妈妈一起来拜访客户。

老板:你好!
姗姗:最近有没有新的茶叶种类?
老板:新的就是茶袋,是现磨的,可以直接放水喝。
姗姗:中国茶有没有做成茶袋的呢?
老板:很少,大部分是外国茶。
姗姗:我回去跟公司董事长谈谈要不要开始生产茶袋,如果受欢迎我们会试着做起来,这样喝茶会更方便。

魏荣南的曾祖父魏静哲在新加坡创办的茂苑茶庄后改名南苑茶庄,作为第四代传承人,魏荣南一直在开拓茶庄的经营模式。

平时魏荣南会定期在社区做茶文化的普及活动,儿子在活动中已然可以独当一面。

魏荣南的儿子:我今天想看你们如何品评这些茶叶,希望你们告诉我这些茶叶的味道如何。茶对于不同的人有不同的味道,即使同时品同一种茶,感受也很可能不同。
魏荣南:这个是普洱茶,有十年了,是一种野生茶,所以它的后劲很够;中间这个是铁观音,它的制作方式不同,所以带有很强的香气，而且很绵长，喝起来口感比较润滑；这个是1999年的茶，属于那个时候非常珍贵的茶，所以我特别收藏起来，今天是特地带来给李先生的，他是茶专家，我相信他一定懂得这个茶的珍贵，好茶就要送懂得喝的人。

公元1607年，英属东印度公司开始从澳门、岭南、厦门收购茶叶，经爪哇输往欧洲试销，中国茶叶神奇的味道迅速迷倒了英国贵族，一时间名噪英伦三岛。公元1659年，英国国会条例上，就有关于茶的记录，17世纪后半期，喝下午茶的习惯在英国上流社会已蔚为风尚。

在英国伦敦最享有下午茶盛誉的萨沃伊饭店，英国著名旅行美食评论作家克里斯专访了英国精茶公司的创始人爱德华。爱德华推广的精茶，是不同于英式下午茶的原汁原味的中国本土茶。

克里斯：很高兴见到你，在这个充满回忆的伦敦萨沃伊饭店的茶室谈茶文化再合适不过了，它可能还是第一家提供这种英式下午茶的饭店。

爱德华：是的，是贝德福德公爵夫人[1]住在这里的时候想出英式下午茶这种喝法的吗？

克里斯：我想应该是德文郡公爵夫人，这是她最喜欢的地方之一，是她继承的寓所。英式下午茶流行的一个原因是，那个时代英国的淑女们几乎没有社交的机会，后来饮茶变成了英国文化的一部分，茶叶成为一种大众消费品。

爱德华：对，事实上这就是英国茶文化的开端，英国人大约从1650年开始饮茶，那时所喝的茶都来自中国。

克里斯：所以如果我这样想对吗，茶都来自于中国，中国是茶的故乡？

爱德华：当然，如果你想了解茶，第一个想到的就应该是中国，所以我们在这里享受的是真正的英式传统下午茶。

克里斯：同时也是一种对中国传统饮茶方式的继承。

爱德华：我想展示给你的是一些中国茶的传统，在我看来也是适合世界各地人们的一种生活方式。

克里斯：所以现在我们要尝试的是乌龙茶，是吗？

爱德华：是的，这的确是我最喜欢的茶，叫铁观音，tie是铁的

---

1 贝德福德公爵夫人七世安娜·拉塞尔是维多利亚女王的朋友，据说当时在早餐和晚餐之间有很长一段间隔，到了下午四五点钟公爵夫人就饥肠辘辘，于是让仆人准备了点心和茶，后来便邀请闺蜜一起享用，英式下午茶由此流行开来。

意思，guanyin 简单来说是慈悲菩萨，所谓的"铁"是茶比较沉，表示它是高品质的。

克里斯：爱德华，你是从什么时候开始对中国茶进行探索的？

爱德华：第一次去中国是在我十八九岁的时候，我一共去过五十多次，在那儿我真正深入接触的事物之一就是中国的茶叶。

克里斯：所以也许我们可以一起去中国，你可以和我分享你学到的东西。

爱德华：那我会很高兴的。

克里斯：而且我会反馈给我的读者。

到 18 世纪，中国茶叶出口总值超过传统出口商品丝绸和瓷器，茶叶贸易成为出口创汇的支柱。茶叶在改变着西方世界生活方式的同时，甚至在历史的细部激起巨大的波澜。

公元 1773 年 12 月 16 日，不满英国殖民者统治的北美当地居民赛谬尔·亚当斯率领六十名"自由之子"，化装成印第安人潜入东印度公司商船，把船上价值一万五千英镑的三百四十二箱茶叶全部倒入大海。

"波士顿倾茶事件"最终作为导火索引发了美国独立战争，而茶在北美人生活中的重要性可见一斑。

1852 年，一位名叫詹姆斯·泰勒的苏格兰人来到当时的英属殖民地斯里兰卡，致力于将咖啡种植转向茶叶种植的工作。1867年，泰勒从中国福建买了一颗品种优良的古茶树，引种到斯里兰卡北部高地，并拓展为斯里兰卡的第一个茶园。1872年，泰勒又创办了一家设备齐全的茶叶加工厂，并在1875年成功地发送了第一批锡兰茶到伦敦茶叶市场拍卖，大获成功。至此，中国茶叶垄断欧洲的局面被打破。

19世纪80年代，斯里兰卡的茶叶产业迅速发展壮大，茶叶产量从1870年的二十三磅，激增至1890年的两万多磅，之后，茶叶的种植园在多个国家出现，中国不再是向世界唯一出口茶叶的国家。

中国的茶叶沿着丝绸之路来到印度、斯里兰卡、印度尼西亚、肯尼亚等国家，很快茶叶的种植遍及全球，成为中国献给世界的礼物，但无论茶叶移植到哪里，它的原乡都在中国。

又到了春茶采摘、制作的季节，安溪的茶园又开始忙碌了，与此同时，山上来了一位特殊的访客——英国人杰夫。通常英国人只喝红茶，但今天的这位客人是奔铁观音而来的。

王文礼：这个有甜甜的兰花的香气。

杰夫：我喜欢它天然的味道，喝起来感觉很清新，喝的时候感觉它流进你的身体，我真的很喜欢，你的秘诀是什么？

王文礼：铁观音是功夫茶的极致代表，它的品质这么特殊，被称为功夫茶,是因为它需要三大功夫,第一是种植的功夫,第二是制作的功夫,第三是冲泡的功夫。但它还有另外一点也可以是第四个功夫,我们要有品的功夫,当我们有了这四个功夫之后,就可以充分感觉到一泡好的铁观音的精妙之处。

杰夫:这真的是很特别的茶。

王文礼:我们家族做茶一个很特别的地方就是往往把最好的、最顶尖的茶称为是无价的,只用来送给尊贵的客人,那种最顶尖的是买不到的。

杰夫:谢谢你,那我就带一些你们的历史回去。

小小的一片树叶却成为寻找精神家园的路标,因为这片树叶带着故乡泥土的气息,悄然改变了世界人们的生活方式,"海上丝绸之路"又被称为"茶叶之路",我们可以循着这片茶叶飘来的轨迹,做一个"海上丝路"上的原乡人。

每个星期日，定居北京的斯里兰卡茶叶商阿努拉和他的中国太太潘霞都会带两个孩子 Happy 和旺旺到丰台区南海子公园练习武术。

同样是每个周日，尼日利亚驻中国商会秘书长杰坤多会和太太欧丽芳一起带着三个孩子到广州圣心大教堂参与祷告。

定居在美国费城的药物学家何伟和太太黛比会因为工作而往返于中美之间，只要稍有闲暇，何伟和黛比都会畅游于饱含中国历史文化信息的空间之中。

在漫长的时间之河里，在遥遥的迁徙路上，外来族群与当地原住民通婚是一种应对外部环境的生存策略，也成为巩固稳定海外贸易的一种人性化方式，并最终促进了各种族之间的文化融合。

第四章

连枝

斯里兰卡是世界上最大的茶叶出口国,锡兰红茶闻名全球,位于科伦坡市郊的英博伦锡兰茶有限公司,是斯里兰卡最大的茶叶出口商之一,英博伦公司一直想把锡兰茶销往中国,这时公司董事长杰央撒遇到了在中国居住了十一年的阿努拉。在茶叶故乡销售锡兰茶,对阿努拉来说是巨大的挑战。

已在中国定居的阿努拉每次和亲人的相会都是短暂的,所以每次告别时,妈妈总会召集亲朋好友,为阿努拉祝福。

武术结连理

潘霞和阿努拉

武术结连理

阿努拉与潘霞因为中国武术而结缘，至今结伴而行十三年，两个可爱的孩子更给生活增添了乐趣。

阿努拉与潘霞结合的混合婚姻家庭【图1】，使阿努拉很快地适应了在中国的生活。

阿努拉：Happy呀，今天是4月14日，你知道是什么节日吗？

Happy：斯里兰卡过年。

阿努拉：是新年，每年的4月14日是我们的新年，爸爸一定要带你们出去转一圈，看看我们斯里兰卡过年是什么样。

讲一口流利中文的阿努拉，被斯里兰卡英博伦锡兰茶有限公司一眼相中，任命他为中国区总代理。任务是从茶叶的第二故乡回到茶叶故乡做生意。闻名全球的锡兰红茶是斯里兰卡的骄傲，而让阿努拉感到自豪的是，在自己的推动下，越来越多的中国人开始关注锡兰茶。

阿努拉：刚才听了您的想法我觉得非常好，我的想法是，正好目前我们河北还没有设定一个经销商，这一块我们完全可以合作，所以今天您这么有诚意，对斯里兰卡又这么有热情，我觉得我们会合作成功。今天我以茶代酒，祝我们合作成功。

【图1】左边潘霞和旺旺,右边阿努拉和 Happy。

阿努拉频繁地往返于北京和科伦坡之间,每次回科伦坡,茶叶拍卖市场是他最常去的地方。

如何顺应中国市场的需求,不断寻找适合中国人口味的锡兰茶,是阿努拉和杰央萨每次见面最重要的话题。

杰央萨:我觉得中国消费者喜欢大叶茶,这是非常好的白毫茶,价格很高。

阿努拉:事实上,在中国市场,大多数消费者喜欢外观和口味俱佳的茶叶,中国市场和这里很不一样,他们有悠久的茶文化历史,想要比较特别的茶,要求外观、气味、味道都很好,他们筛选好茶的标准也跟斯里兰卡不一样，我想把中国茶和锡兰茶混合起来，在锡兰茶中产生中国茶的味道。

杰央萨：所以需要更好的茶。

阿努拉：是更特别的产品。

杰央萨：这种锡兰茶很好。

阿努拉：锡兰绿茶。

杰央萨：质量很好，但是有点紧实，中国人肯定会喜欢，下次拍卖会我会买一些这种茶，它的颜色鲜艳，茶水口感也很厚重。

杰央萨：他们现在正在包装这种产品，提供给中国市场。

阿努拉：这个包装很理想，不需要进一步改动就能投入生产。

杰央萨：已经投入生产了。

由于阿努拉在开拓锡兰茶叶的中国市场方面取得了巨大成就，斯里兰卡总统、前总理分别接见了他并授予他"中斯贸易最大贡献奖"。

阿努拉的成功得益于他痴迷的中国文化，在太太潘霞的支持下，阿努拉拜相声大师丁广泉为师，苦练说学逗唱已经有十个年头了。

阿努拉：我记得以前丁老师说过一句话：一天不练自己知道，两天不练师傅知道，三天不练观众知道。

丁广泉：你跟我学三句话，记住了，学三句。

阿努拉：好。

丁广泉：说"我吃饭，我也请你吃饭"。

阿努拉：说我吃饭，也请你吃饭。

丁广泉：错了没有？

观众：错了。

丁广泉：你看啊，记住了，"我吃饭，我也请你吃饭"。

阿努拉：我吃饭，我也请你吃饭。

丁广泉：我喝茶，我也请你吃茶。

阿努拉：我喝茶，我也请你喝茶。

丁广泉：错了吧？

阿努拉：我喝茶，我也请你吃茶。

丁广泉：错了吧？

阿努拉：没错啊。

丁广泉：错了。

阿努拉：没错啊。

丁广泉：错了没有？

观众：错了。

丁广泉：我问你，刚才咱们说几句？

阿努拉：三句。

丁广泉：对。第一句我说"我吃饭，我也请你吃饭"，你怎么说的？

阿努拉：我吃饭，我也请你吃饭。

丁广泉：第二句我说"我喝茶，我也请你吃茶"，你怎么说的？

阿努拉："我喝茶，我也请你吃茶。"没错呀？

丁广泉：第三句我说"错了吗"。

阿努拉：啊？这个也算啊？

丁广泉：多新鲜呢，要不然怎么说三句呢！

曾经获得斯里兰卡全国武术冠军的阿努拉还受邀成为北京第一师范学校附属小学的课外武术辅导老师。他会定期到这里教孩子们学习中华武术。

有缘万里来相会

何伟与美国太太黛比已携手走过二十六年，他们的日常生活中也掺杂着许多中国文化的细节。

何伟：我们一起准备蒸包子，美式的包子。
黛比：对，里面包香肠。
何伟：这是中美结合的包子。
黛比：凯文，你小的时候我们经常做。
何伟：凯文，试着做一个。
凯文：应该怎么做？
黛比：你爸爸是做包子的专家。
何伟：把这个捏在一起。
黛比：我包的散了，不过第一个还行。凯文和我做得比你好。
何伟：哈哈，我根本比不上。

北京大学化学系毕业的何伟，于 1985 年赴美深造，师从美国科学院院士、著名化学家派奎特教授，在派奎特教授的指导下，何伟在美国取得博士学位并完成了博士后的研究工作。之后他全力投身于尖端药物的研发。其间何伟遇到了命中注定的伴侣黛比。

黛比：我们相处得很快乐，你会把花送到我宿舍，不知道你还记不记得，室友都有点儿不高兴了，因为我收了太多的花，有时我们独处的时候会坐在河边聊天，有时候你还会对我唱歌。

何伟：我不会唱歌，所以这不是真的。

黛比：你唱得很难听，但是你确实唱了。那时候我们相处得很愉快，所以就开始约会了，约会没多久就结婚了。你当时问我，如果我向你求婚你会答应吗，我说当然愿意，我那时才十九岁，然后你居然真的求婚了。我想，哇，你是认真的，但是我告诉你我会考虑一下，你对我很有耐心，我发现你是我可以共度一生的人，你对我来说是非常特别的人。但是我们双方的家长都震惊了，因为我非常确定地告诉父母自己订婚的消息时，他们还问我跟谁呀？我跟他们说了以后，他们又问你是不是为了签证，结婚是不是有别的原因。我说不是，我们一直是朋友，后来开始约会了。你的父母希望你回到家乡，所以不想你和美国人结婚。我们两个人都得跟家人做工作，说服他们我们在认真计划结婚，彼此相爱。

克服了来自双方家庭的阻力，何伟与黛比终于携手步入婚姻的殿堂。至今已相守了二十六个春秋，养育了四个孩子。何伟与黛比的混合婚姻生活【图2】，虽然美满幸福，却也不乏磕磕绊绊。即使远在大洋彼岸，何伟一直恪守着中国传统的孝道，他常常会带着太太和孩子转辗近三十个小时回到家乡安徽庐江县。

【图2】何伟、黛比和小儿子凯文。

黛比：还记得我们第一次回中国吗？那是1993年你哥哥结婚的时候，当时是十二月，我根本不知道路程有多远，飞行了足足有十五个小时，从上海回你家的时候，我们没坐飞机，搭了一辆出租车。

何伟：还有我哥哥和我爸爸。

黛比：对，我们又带着孩子，坐了十五个小时的车，坐出租的时候我都想回家了，因为司机不停地抽烟，天气冷，天色黑了，我也很累，孩子也在哭，我们中途停下来上厕所，卫生条件也不好，我们赶到你父母家都已经凌晨两点了，我差一点就搭下一班飞机回美国了。

因为有太太黛比的帮助，何伟很快适应了在美国的生活，全身心地投入药物的研发。

何伟被他同事称为"善于为药看病的天才",从 1992 年开始,何伟在跨国公司经历了从自己做实验设计并合成新药,到带领团队研发心血管病、肠胃病、糖尿病、癌症等疾病的创新药,在研发阶段,他总能发现问题的关键所在,并最终找到解决的途径。

治疗癌症的药物开发方面,何伟和他的团队的研发实力不仅早在 20 世纪 90 年代就走在了世界的前列,而且在过去二十多年里,他设计或领导的多种新药转让许可及美国食品药品监督管理局(FDA)批准上市都创造了几亿到十几亿美元的价值。

曾是何伟的上司的杰克,谈到何伟这些年取得的成就时,感慨万分。

杰克:已经九年了,那是激动人心的时刻,那时候你决定和我们一起工作,我们给了你最难的课题。

何伟:是的,11 贝塔 - 羟化类固醇脱氢酶项目。

杰克:11 贝塔 - 羟化类固醇脱氢酶项目。

何伟:治疗糖尿病。

杰克:治疗糖尿病、肥胖症、青光眼等疾病。有意思的是,那时我们研究的蛋白酶通常比较固定,但 11 贝塔 - 羟化类固醇脱氢酶灵活多变,因此你的项目难度大大提高了。我们试过了所有设计方法和 X- 衍射工具等（没有好的结果），直到你设想出可以和微小蛋白空间相结合的化合物，因此该项目是个巨大的挑战。

何伟：实际上我考虑了很久，所以我从公司辞职，离开研发去做企业家，开始担任另外一个公司的商业开发拓展总监。因为我感觉作为一个企业家，我能充分利用中国的各种研发外包服务平台，从而更有效地进行新药研发。

杰克：对，我认为你这样做是正确的，我们微泰公司非常想念你，克莱尔蒙特博士和其他化学家都为你的离开而流泪，但大家自豪地看到你继续向前，并且在新征途上获得了成功，在中国为中国做真正的创新。

每一种新药的成功研发，何伟都承受了巨大的压力，家人的关爱、黛比的支持赋予了他极大的勇气和力量。

黛比：我很为你自豪，我知道你工作非常努力，如果你的药真的能治愈癌症，减小肿瘤，延长寿命，那真是太好了。

何伟：我爸爸就是六十五岁时因癌症去世的，虽然我研发的药品不能帮助我爸爸了，但是我希望它能帮助其他人的父母。

黛比：希望一切如你所愿，你工作期间各方面遇到过不少困难，但是我相信一切都会成功的。

研发副作用小、治愈率高的抗癌药以及治疗自身免疫类的重大疾病类药，不仅是药学界尖端的领域，也是何伟一直追求的目标。在得到太太的支持后，作为"国家千人计划"特聘专家的何伟回到了中国，他要按照自己多年实战经验总结出来的理想创新模式来研发新药。

传统的制药行业是先建实验室，投资先进的仪器设备以及配备大批相应的实验室人员，何伟立志要创新模式。在中国海正药业董事长白骅支持下，何伟决定做一个人的药企。作为药企新药研发的总设计师和管理者，他将与专门承接外包的实验室公司或院校密切合作，这样大大降低了研发成本。2011 年，何伟创建了浙江导明医药科技有限公司，并开启了 B 型淋巴癌靶向治疗新药的研发。

经过三年多的努力，何伟先后向中国国家食品药品监督管理总局（CFDA）和美国食品药品监督管理局（FDA）提交了新药临床的申请。几个月之后，何伟获得了中美两国的临床批文并同时开展临床试验。这无疑在全球制药行业开创了一个先例。

为了给予何伟有力的支持，黛比也常常随何伟来到中国，每一次到来，黛比都会被博大精深的中国文化所深深吸引。

何伟与太太来到帽儿胡同的末代皇后婉容的故居，跟随工艺美术大师赵春香女士体验软陶的制作。这看似简单的陶土与手指间的舞蹈，融合了中国禅与道的哲学思考，也诠释了中华传统民俗背后深刻的寓意，平衡的呼吸与指尖的拿捏让黛比深深地沉浸其中。

在对中华文化有了更深入了解之后的黛比开始眷恋中国，同时也更加支持何伟回中国创业。

从母校毕业三十年之际，何伟又一次带着太太重返北京大学，在校园寻觅青春的踪迹。

何伟：黛比，这里就是化学楼。

黛比：这就是你当时上课的地方吗？

何伟：对，我1981年上大学时就是从这里开始的，大多数的课都在这栋楼里上，也在其他楼上课。化学实验室也在这儿，也有其他实验室。

黛比：哦，哇！

何伟：看看这栋楼，很漂亮对吧！

黛比：很好看！

其间，何伟再次见到了阔别三十年的化学系老师，万分激动。

何伟：彭老师您好，这是我太太。

彭老师：很高兴见到你！

黛比：我也很高兴见到您。

彭老师：我是化学系的分析化学老师，今年已经八十二岁了，这个化学楼是 1954 年建设的,那个时候我就在这里当学生。何伟非常聪明,非常有创造性,听到他的这些成就,我非常高兴,非常骄傲,我的学生都很棒!

最后何伟带太太来到自己住了四年的大学宿舍。

何伟:黛比,这里就是我在北大四年的学生宿舍,你看那边第三个窗口就是我的寝室,505 号房间,在这里有很多美好的回忆。

贸易成姻缘

多元文化的融合带给混合婚姻无限的乐趣，同时也会遭遇常人难以想象的艰辛。杰坤多和太太欧丽芳因为贸易结缘，十七年的婚姻生活伴随着坎坷，于是他们建立了中尼混合婚姻论坛。

中国妻子【图3】：（对于混合婚姻）我的父母是极力反对的，我的姐姐也因此和我弄得很僵。

尼日利亚丈夫【图4】：我告诉父母，我遇到了未来的妻子，但家族不允许我娶中国太太，他们希望我做出选择，确定了再结婚。

中国妻子【图5】：中国人结婚需要对方的单身证明，你要去使馆，要认证，这些东西我们以前没有办过，就是办一个证一个证麻烦。

欧丽芳【图6】：这个婚姻的过程，我觉得是一条艰辛的路，是一个坎一个坎地过来的。

杰坤多【图7】：这是不同文化之间的婚姻，我们很关心会遇到什么问题，想看看怎么解决，也许是在中国的证件问题，也许是孩子上学的问题。

中国妻子【图8】：在学校她大概是第一个黑色混血儿，他们班里就有一个小朋友老是喊她，老师不在的时候，又过来跑到她的座位上逗她，可能是他没见过（混血儿），上一年级的时候就遇到过这种问题。

杰坤多：有时候我太太去学校，孩子一旦有这方面的问题，学

【图3】上左　【图4】上中　【图5】上右
【图6】下左　【图7】下中　【图8】下右

校就会立刻解决，我平时经常见到你们，但是没听你们说起这些问题，以后见到我要跟我说一说，这就是为什么我们要开这个会，什么事都是一步步改善的。

作为跨文化婚姻家庭【图9】，杰坤多夫妇十分关注三个孩子在成长过程中的文化认同问题。对父母的不同文化信仰的了解，对不同语言与传统的学习与认知是孩子们的日常必修课。

欧丽芳：这次去露营你觉得最大的收获是什么？

儿子：我们去了西头村，挺远的，要两个小时。

杰坤多：很远啊？

儿子：挺远，不是很远。

杰坤多：对不起，哈哈，我的普通话没有你们好。

儿子：我们爬的是野山，没有开发过的，没有什么路，拿着竹子爬上去的。

杰坤多：那里都是农村啊，你知道他们为什么带你去那里吗？

欧丽芳：通过活动你学到了什么？

儿子：让我知道农村的人很辛苦。

欧丽芳：妹妹一个星期才回来一次，你在学校觉得怎么样？

女儿：最好的就是学校的"撕名牌""奔跑吧，兄弟"啊。

【图9】杰坤多一家。

欧丽芳：听说你们有一个烹饪班，你学了什么东西？

女儿：学了蛋挞之类的，点心蛋糕。

欧丽芳：你最喜欢吃的是哪一个？

女儿：蛋挞。

杰坤多：那些学生看你是外国人，有没有对你好？

女儿：有啊，二年级刚来的时候，他们每个人都很欢迎我。

广州港作为海上丝绸之路的东方大港，两千多年来，一直以博大的胸襟包容着一次又一次的出发与归航，从未停歇。今天的广州港已是中国第四大港口，吞吐量居世界第五位。

二十多年前，杰坤多不远万里从非洲大陆来到广州创业。当时中国的珠江三角洲已经是世界制造业的最重要的基地，五金、家电等日用品在国际市场上拥有很大的价格优势。杰坤多的敏锐为他带来了不小的收获。

港口、关税、库房这些都与杰坤多的商务密切关联，为此他特别考察了刚刚成立的广州南沙自贸区。

杰坤多：我是尼日利亚商会的，我们很多外国人知道这里刚刚开发，我很想问一下可不可以在这里做生意？

工作人员：可以的，从今年的5月8日开始，我们对外商投资的企业实行了一个负面清单的审批转备案制，就是说流程简化了，时间缩短了。

杰坤多：那这里税收高不高？

工作人员：目前南沙自贸区的税收政策是，在行政区域和自贸区域税收一样，但是自贸区因为针对的是贸易自由、货币自由，所以是免关税的，所以对于外商投资的企业来说，在这方面的优惠和吸引力度很大。

杰坤多的事业同样离不开太太欧丽芳一直以来的鼎力协助，遇到问题两人总在一起商量、默契配合。

杰坤多：他们给了我这个，这个是中文的，这个是英文。如果我们在那里投资开公司、投资，不用付税。

欧丽芳：就是免税的？

杰坤多：就是自贸区。

欧丽芳：除了税，还有其他优惠政策吗？

杰坤多：除了税，还有就是如果我从外国进口（货物）过来，不用考虑进口文件，那里很好，还有很多银行，我觉得那里好。

欧丽芳：生活配套呢，比如说医院、学校、交通，还有购物？

杰坤多：什么都有，我的意思是说，我们去那里，那里安静，交通很好，做生意那里有机会。

尼日利亚人大多信奉天主教，每个周日的祷告，也是侨民们欢聚一堂的时刻，杰坤多是位虔诚的天主教徒，经常在教堂做义工，在他的带动下，欧丽芳和三个孩子会一起参与教会的活动。

峇峇娘惹文化

因海外贸易而与当地人通婚的历史可追溯到明朝时期，15世纪初，从中国福建或广东一带下南洋的华商定居后，和当地的马来族或其他民族的妇女通婚，生下儿女分别以马来语称为"峇峇""娘惹"，也有人称他们为"土生华人"。

生活在吉隆坡的雪瑞是一位画家，她的绘画常常以峇峇娘惹文化为主题。因为祖母是娘惹，所以她对跟自己身世有关的文化渊源有着浓厚的兴趣。

华人血脉中的传统文化与马来文化交融，形成了峇峇娘惹文化，呈现于信仰、语言、服饰、饮食等方面，雪瑞也因此有了取之不尽的创作源泉。为了让后人铭记他们的血脉之源，雪瑞选择在儿子萨姆森举办婚礼前，向两位新人介绍家族的历史【图10】。

雪瑞：萨姆森、蕾恩，你们知道萨姆森的曾祖父来自中国，他曾经是个商人，来到马来西亚和萨姆森的曾祖母结婚了，婚后他的生意做得越来越好，他也向曾祖母介绍了很多的中国文化，我们的家庭经常说闽南话，实际上来自南方的家族通常都说闽南语，蕾恩你也可以学一些闽南话，和萨姆森结婚后和亲戚们交流就方便了。

蕾恩：你吃了吗？用闽南语怎么说？

……

雪瑞：蕾恩，尝尝这块红龟糕。

【图10】从左往右分别为萨姆森、雪瑞、蕾恩。

萨姆森：好吃吗？还有一种糕点，叫三角椰丝糕，看起来很像中国传统的粽子。

蕾恩：在闽南语里，粽子怎么说？

……

如今，在马六甲社会中仍占很大比例的峇峇娘惹大多不会说汉语，虽乡音远逝，但婚丧嫁娶等华人风俗和长幼有序的传统礼仪却依然留存于日常。

了解祖先的历史，似乎让萨姆森和蕾恩找到了归属。他俩通过举办峇峇娘惹式婚礼实现了与先人的对话。

如同峇峇娘惹的历史，今天与当地人通婚，使旅居海外的客商们迅速融入当地的生活。

连理枝头，关雎双飞。跨国婚姻携手的双方不仅走进了彼此不同的国度，更是走进了不同的文化。语言的交汇，传统的碰撞，美食的体验，谱写着美妙的旋律，也成为遥遥迁徙路上最华美的篇章。

婚姻作为一种生存策略消弭了族群间的文化差异，又派生出新的文化，而文化和技艺的传承不仅仅延续了家族的兴旺，也同时为社会发展释放出不绝的动力，所谓薪火相传，生生不息。

第五章

薪传

伍万通是中泰混合婚姻的后代，父亲是泰国华侨，母亲是泰国先王的后裔。每年春天，伍万通都会回到广东梅县祭拜祖先。

伍万通的先祖伍淼源是梅县客家人，一百五十年前随商船去了泰国，客居他乡的伍淼源内心从未停止过对故乡的牵挂，在他乡去世三年后，在亲人们的护送下，终于魂归故里。

这个见证了无数客家游子背井离乡下南洋的松口火船码头[1]，便是伍淼源当年登上红头船离开故土的地方，沿着这条梅江，千年传唱着"一条江水向东流，送郎送到火船头，哪有利刃能割水，哪有利刃能割愁"。

1　松口镇是岭南四大古镇之一，也是闻名中外的侨乡。松口火船码头是梅江水运经韩江、汕头港出海的重要港口，由于水路发达，素有"松口不认州"的美誉，也是历史上客家人下南洋生死离别的第一站，如今虽已废弃，却承载了太多的记忆，是华侨寻根祭祖的凭依。

逆流而上

伍万通

泰国开泰银行董事长

每一个金融从业者,都不会忘记1997年那场令人胆寒的金融风暴。但在当时泰国经济整体跌入深渊的大势之下,泰国开泰银行董事长伍万通,凭着过人的胆识带领团队逆流而上,时隔十八年,各国同行们仍在聚精会神地聆听伍万通的经验分享。

伍万通:对于商业银行来说,那个时候(金融危机)几乎是没有希望的。今天的挑战与十八、二十年前有很大的不同,现在的新挑战是什么?我们还会像1997年那样被核销股权制造愚蠢的坏账吗?明天我们还会被非银行机构核销股权,如果我们不当心的话。

泰国与中国水陆相连,血脉相通。溯源中泰之间贸易和文化的互动,要回到一千八百多年前,而这种文化层面的渊源关系至今留存在泰国社会的日常生活中。

伍万通的祖先伍淼源在一百五十多年前,凭借过人的商业智慧和勇气,从广东梅县来到泰国从事商贸、金融等行业并取得了巨大成功。母亲是泰国先王的后裔,来自父母家族的基因和自身的努力成就了伍万通在处理金融危机时表现出惊人的才华和勇气。

伍万通:这是在我父母的婚礼上【图1】。
常念周(开泰银行中国事务顾问):哦,这是婚礼,他们真年轻。

【图1】婚礼上伍万通的父母。

伍万通：这是泰式婚礼，我母亲是泰国皇族的后裔，她曾祖父是拉玛四世王[1]，在西方众所周知他是电影《国王与我》里的那个国王，追溯血缘，这就是我们的祖先。

常念周：真好，他们之间有很大文化差异吧？你父亲来自传统华人家庭，而你母亲是皇族后裔。

伍万通：障碍不是太大，不过这段婚姻仍然融合了两种不同的血缘、文化。

常念周：从你母亲的祖父那里，你继承了平衡各方的能力，从你父亲那里，你继承了中华商人的商业头脑。

伍万通：到了1997年，金融危机爆发，当时我已经开始掌管银行，我父亲去世了，我那时才开始思考还有另一个国家，作为我祖先的家乡，需要我们去探索。

伍万通在玲珑轮胎董事长王锋的引领下来到泰国"玲珑"的厂区。

王锋：现在我们看到的就是我们整个轮胎的厂区，我们泰国玲珑得到的第一笔贷款就来自于开泰银行，泰国玲珑是2012年8月份

---

1 原名蒙固，暹罗曼谷王朝国王，1851年至1868年在位，其间他致力于服饰改革，创建了小乘佛教的正法派，成功预测了日食。他聘请英国女教师安娜做儿子的老师，后来安娜所写的故事成为电影《国王与我》的原型。

项目落地，2013年2月1号破土动工的，经过十一个月的时间，我们的第一条轿车子午线轮胎产品下线。

伍万通：玲珑速度了不起！

王锋：谢谢！这个设备主要有两个特点，第一个是精度高，偏差精确到一丝，也就是一个毫米的百分之一；第二个是效率高，四十秒钟一条。

针对东南亚气候、环境以及金融数字系统本身产生的重大灾难、危机，开泰银行从1998年开始成立了永久性的指挥中心，打通各环节汇总实时信息，为高层管理人员的现场决策提供依据。

开泰职员：由于泰国遭受台风袭击，目前各水库泄洪放水已灌满当地河流。

伍万通：假如沙包围堤挡不住洪水，无论是由于围堤不够高，还是水从地下喷涌超出我们的控制，如果要撤到其他地方，有什么样的计划？

开泰高管：如果担心一道围堤挡不住，可能要建两道围堤。

伍万通：可以考虑让无法营业的分行暂停营业，但是必须为客户设想，向客户介绍到哪个营运点使用服务，不能只是简单地关门了之。

海上丝绸之路也是绿色环保之路,自古以来华商们一直散播着中国文化天人合一的理念,人与自然,人与环境的和谐共生需要世世代代来维护。

在诗琳通公主[1]六十岁寿辰之际,伍万通参与承办了在中国驻泰使馆举行的中国书画慈善展览晚会。

大使:这是公主的肖像画【图2】。

诗琳通公主与伍万通既是亲戚又是挚友,在公主的带动下,伍万通也投身于退耕还林的绿色经济中,并亲自考察了楠府。

伍万通:如果楠府的森林全都能像这样保存,泰国一定会兴旺。这就是沙班瀑布?

村民:这是沙班瀑布,沙班瀑布分四层,走上来很累。

伍万通:到这里就觉得很凉快。

伍万通:在这里可以清楚地看到很多积水缓缓往下流淌。

村长:村民就靠从这里流下去的水作为水资源,饮用、使用和农用。

---

1 玛哈·扎克里·诗琳通,泰国前任国王普密蓬·阿杜德的次女,经常协助国王进行慈善活动,代表国王出席重要的国际事务;是中泰友好的使者,深受人民爱戴;又是才华横溢的诗人、作家,酷爱中国文化。

第五章 薪传

【图2】泰国诗琳通公主。

伍万通：如果树全砍完，水就没有了。

村长：对，如果没有树木，相信这里的瀑布就会消失。

伍万通：要让人们了解这里，必须与山下的农业进行整合管理，不让人来砍树。一旦谋生的土地不够用，就要砍伐森林，这是一直解决不了的难题，该怎么办才能让村民能够谋生，不会因为感到（生活）有压力而不得不砍伐森林，我的建议是，必须寻找种植其他作物的出路。

村民：以前有人种植过咖啡树，但当时没人收购咖啡。

伍万通：对，就是因为有为玉米产销流程提供各种便利的支持体系、全方位的支持系统，才使农民被困在"玉米"陷阱里。

村民：必须有一两户先做个示范。

伍万通：做个示范，并保证在试验期间不会忍饥挨饿地过日子，以扶持农民从原来种植的作物玉米改为种植新品种作物，比如咖啡之类的，改种能获得更好收成、能创造更多收入的作物，才能退耕还林。

在伍万通的引导下，楠府当地农民不再砍伐森林，而是从事各种手工艺品的开发和生产。

伍万通：全村都集中在这里吗？

村民：是的，就集中在这儿。

伍万通：什么原因呢？

村民：因为别人家没地方放织布机，而且大家聚在一起很开心。

伍万通：家里主业是什么？

村民：主业是种稻。

伍万通：种稻收入够吗？

村民：不够，只是种给自己吃。

伍万通：自给自足？

村民：恩，有空就来织布，收入可用来买菜，养家糊口。

伍万通：这个是什么，用什么做的？

村民：是用竹丝做的，是竹子。

伍万通：用竹子，这是用来蒸糯米的吧？

村民：是的，蒸糯米，也可以蒸米饭。

伍万通：也可以蒸米饭，有销路吗？

村民：有，这个是叫米蒸笼【图3】，是来自民间智慧的产品，现在城区居民使用的应该是塑料制作的。

伍万通：是的，但这里是这种的。

村民：我们用种的，因为它没有什么危害。

伍万通：是的，是天然的。

在楠府，伍万通常常与青少年一起骑车穿越森林，参与绿色行动，分享环保的理念。

伍万通：看到了吗，后面种着橡胶树，我很喜欢。知道我们在哪里吗，楠城广场【图4】对吧，这个寺庙叫什么？

小学生：普民寺。

伍万通：普民寺是谁建的？在八世皇时期，被印在一泰铢纸币上的就是龙王阶梯，所以小朋友你们应该为生为楠府人而自豪，因为这美丽的建筑除了泰国外，还受到世界的赞扬，这是楠府古老的文化杰作。

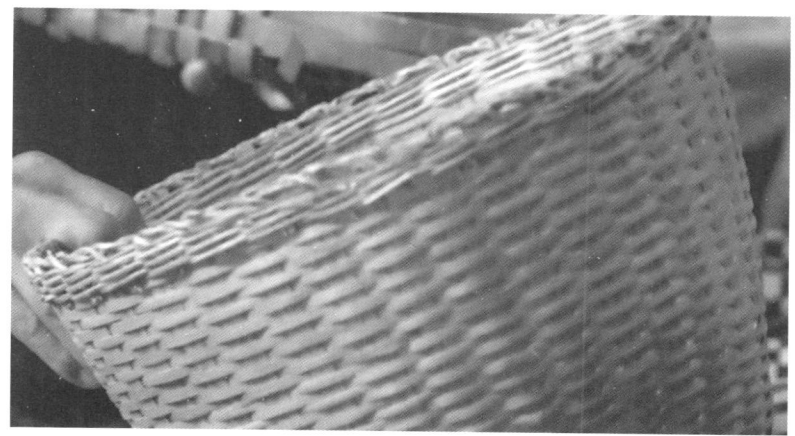

【图3】米蒸笼。
【图4】伍万通与孩子们来到楠城广场普民寺。

比富有更富有

每当在自己的直升机上俯瞰印尼大地,环保人士、AG 集团¹总裁郭说锋都有一种复杂的情绪弥漫于心:如何让先富起来的一千多万华人积极回馈社会,和全印尼的二点四亿人一起依托丰富的自然资源摆脱落后状况,推动印尼社会的经济和文化更好的发展。

郭说锋:这是我们第一次放生老虎的地方【图5】。

在海上丝绸之路上,印度尼西亚这个千岛之国,成为中国航海者漫漫航途中的重要驿站。七下西洋的郑和船队就在这些岛屿上留下诸多印迹², 至今融汇于印尼文化的深处。

今天粮食的生产一直困扰人口众多的印尼,郭说锋出资在水稻种植技术上与中国全面合作,希望以此解决印尼三十万个家庭的用粮问题。

艾南:这是阿热布先生的田。
郭说锋:哦,这是阿热布先生的田,他现在在哪儿呢?
艾南:在那里。

---

1 AG 集团是印尼知名的综合性跨国投资开发公司,主营金融、地产、农业、酒店,并涉足基础设施建设、矿业、制造业、娱乐等诸多行业和领域。
2 在印度尼西亚爪哇岛坐落着印尼仅次于泗水、雅加达的第三大港——三宝垄,这个名字就是源于中国明代的航海家三宝太监郑和,当地人为了纪念郑和还在三宝垄建了一座三宝庙。

第五章 薪传

【图5】郭说锋俯瞰第一次放生老虎的地方。

郭说锋：哦，在那儿。

郭说锋：种着感觉还不错吧？

阿热布：挺好的。

郭说锋：所以现在的主要问题是什么？

阿热布：现在的主要问题就是缺水，先生，看吧，因为缺水，田都干成这样了。

郭说锋：我把他们带过来了，我在想为什么他们的产量能达到每公顷十到十二吨，而我们这里却达不到，主要原因就是他们有好的栽种技术。如果我们也能采用他们的技术，大家的收入会增加，这样我们这个社会就更和谐安定了。曼古先生和阿热布先生你们作为村长，应该相互讨论下怎么合作的问题。

魏灵：今年的干旱很厉害，水稻基本上都干了，太干了。

郭说锋：现在水稻干成这样，人们都没什么收成了，导致群众的收入减少，这是一个很大的问题。

魏灵：干旱非常严重，分裂很差，影响穗子的大小。

郭说锋：是水的问题吗？

魏灵：主要问题是今年缺水、干旱，水稻穗子也变得很小，肥料没有施足，还有一个就是栽插的规格，规格宽了。

郭说锋：咱们这里有肥料吗？

村民：有，多着呢。

郭说锋：肥料在哪儿？拿点过来，我们给他们的是不是天然的肥料？

魏灵：天然的肥料。哦，这是有机肥，我看一下它的氮磷钾。

魏灵：这里土壤很沙，沙性很重，用有机肥是很好的，但是单纯用有机肥对水稻来说还是营养不足。

郭说锋：所以要想办法帮助他们，那些枯死的水稻在哪儿，我们想看看。

村民：就在那里。

郭说锋：这里土也坏掉了。

魏灵：干旱太严重了，秧苗都枯掉了。

郭说锋：所以我们要怎样跟他们配合找水？

魏灵：要在附近建一个水库，然后把水储存在那里。

郭说锋：我们就需要一个储水水库，把雨季的雨水储存起来，不能再让它白白流向大海了，所以大家商量一下建水库的事吧。

2004年，郭说锋的AG公司与四川国豪种业公司合作，在印尼试验示范国豪杂交水稻品种。国豪种业公司派魏灵等中国专家驻守印尼来解决技术问题。

为了筛选出适应印尼气候和土壤的抗逆性强、稳产性高的杂交水稻品种，魏灵带领专家，不断地观察病虫害的发生规律，经过几年的探索之后，他们制定出适宜当地老百姓栽培的技术方案。

魏灵：我们的三号田跟一号田比，发育进程就明显要好得多。

魏灵：这是我们昨天的化验报告。

郭说锋：这是昨天在苏噶曼迪的，我听说在那边你们做得不错，可是旁边有些地方不太成功，到底差别在哪里？

魏灵：主要是三号田的施肥水平和一号田不一样，一号田的施肥水平更高，所以我们以后就用一号田的栽培方案。

郭说锋：现在我们面临的问题是灌溉水源和肥料，还要配合优良品种的种子，同时他们也会和你们携手合作，一起工作，希望这项杂交水稻的合作能够圆满完成，这项合作能够提高农产品的产量，能够帮助我们的村民。

魏灵：我们也会定期对你们进行培训，加强病虫害的监测，教你们怎么预防和治疗。

在四川国豪种业公司的技术支持下，杂交水稻的种植在印尼多省大获成功，产量达到每公顷九到十二吨，目前八个杂交水稻品种，在印尼累计推广面积达四十多万公顷，已累计为印尼提供了四百万吨左右稻谷，解决了印尼当地人的用粮问题。

郭说锋也是一位著名的环保人士，1995年郭说锋第一次来到印尼丹伯灵，发现这片美丽的原始森林中有人盗伐盗猎，周围清澈的海域也有人投毒捕鱼、污染海洋，他觉得内心深处有一种召唤。从1998年开始，AG集团出资出力，把丹伯灵变成自然保护区。在保护区内，拯救濒危的苏门答腊虎[1]成为他的重要使命。

郭说锋：这棵树的树干上有老虎留下的爪印，所以说这算是老虎的领地了，如果再有其他老虎来这里活动，它们就会打斗起来，这些爪印应该就是打斗过程中留下的，老虎对这片区域还是很满意的。

---

[1] 是同类中体型最小的老虎，长胡须，全身鹅黄色，条纹较暗，条纹间隔较小，多成对排列，主要分布于印度尼西亚苏门答腊岛。

女儿：你当时是怎么脱险的？

警卫：脱险的方式啊，我当时用手肘撑住老虎的嘴，在老虎嘴里我的手大概就像这样举着，然后想办法让身体和老虎分开大概两米的距离。

郭说锋：用手撑着虎口，然后跳进河里。

警卫：对。

郭说锋：但之所以发生这样的事还是因为他自己不够小心。

保护区内设置的数十个自动拍摄镜头显示，丹伯灵栖息着不下二十只苏门答腊虎。五年来，丹伯灵老虎救援中心已收治了十余只苏门答腊虎，放归大自然的就有六只。目前还有八只在救援中心喂养治疗。

郭说锋：看吧，有人来它还是喜欢看，还是会出现，这都是不允许的，如果是能被放生的老虎，会直接进笼子里去。我们到这里来还这样拍打笼子，老虎应该直接跑开才是，但它还挥爪拍打回应我，这也就意味着这只老虎还不能被放归自然。

女儿：刚才马卡尔【图6】那样做爸爸你害怕吗？

郭说锋：对，像刚才那样肯定谁都会害怕，但是我已经了解这只老虎了，所以这样是没有什么危险的。

【图6】苏门答腊虎马卡尔。

在丹伯灵南北有三千多户人家,怎样改变他们的想法,让他们和野生动物、森林能平衡和谐地发展是郭说锋下一步的工作目标。

女儿:爸爸你为什么要保护老虎呢?

郭说锋:因为老虎是雨林生态平衡系统中很重要的一环,如果老虎灭绝了,那这个系统也将被打破。

女儿:你遇到的挑战是什么?

郭说锋:对我而言,这件事并不是挑战,而是一种动力和热情,我的目标是告诉世界上的每一个人,告诉世界上的每一个商人,当你成功于自己的事业后,请回报自然,保护野生动物,保护自然,我们以保护自然的方式来感谢上帝的馈赠。

在丹伯灵保护区,郭说锋经常去看望他捐助的小学,关注学生们的成长,帮助他们解决困难,成为他的又一份责任。

老师:这些学生在表演舞蹈。

郭说锋:他们是小学生吗?

老师:对,初中生现在正在考试,等考完了他们才会学新的舞蹈。

郭说锋:孩子们怎么样?

家长:有的孩子想去上学。

郭说锋:哦,行啊,他们在那里上学会变得更聪明,前些日子回来了吧,都见过了吗?

家长:见过了。

郭说锋:怎么样,有什么变化吗?

家长:变化很大,变帅了。

郭说锋:来,全都到这里来,现在大家的课都是从早上一直上到下午吗?

学生:对。

郭说锋：让你们用下午的时间来学习是想让你们变得更聪明，你们变得更聪明以后可以当总统哦，二十年后我们的国家会变得更好，因为有很多杰出的青年，对吧？

学生：对。

一个鱼丸的梦想

在汕尾,无论是私家渔船,还是街头鱼档,都很容易看到林孟德的身影。对于家族代代从事捕鱼和海产品加工的林孟德来说,品尝坊间不同工艺和口味的鱼丸,已成为他日常工作的一部分。

渔民:热乎乎的鱼丸【图7】,来试一下。

林孟德(汕尾国泰食品有限公司董事长):先拿两三粒,不用那么多,有没有放其他配料?

渔民:没有,采用新鲜的鱼直接制作,原汁原味。

林孟德:所以这才是真真正正的纯天然。

汕尾是中国最大的海水养殖基地之一,拥有多年海水养殖和水产加工技术经验的林孟德,不懈地执着于调整鱼丸制作工艺,他的梦想是生产出最具当地特色、最美味、最有嚼劲的鱼丸,销往全世界。

郑镇雄(林孟德合伙人):林总,这个地方是文莱园林局规划给我们的,大概有四点五公顷,六十八亩左右,具体要分为用苗区、加工区等,整合起来是一个非常大的养殖场,您看一下,这是我们的主要产品,这是老虎斑,这是青斑,还有一个是珍珠龙胆。

林孟德:目前就这三个主要品种吧?

【图7】林孟德品尝鱼丸。

郑镇雄：目前就这三个主要产品，也比较有经济效益。

文莱拥有丰富的海水养殖资源，但缺乏技术，在细致深入地了解了这一基本情况后，林孟德和郑镇雄制定了一个互利共赢的策略：走出国门，免费为当地人提供养殖技术培训，带动鱼类养殖、鱼丸等海鲜类产品的加工在当地的推广，并拓展整个东南亚地区的销售格局。

文莱，这个以杜鹃花为国花的王国，与中国的文化渊源可追溯到西汉。作为海上丝绸之路串起的无数珍珠中的一颗，到今天仍然散发出自己独特的光彩。

在文莱渔业局的支持下,林孟德很快建起了海水养殖基地,开始免费对当地人进行养殖技术的培训。

当地清洁的海水资源和稳定的气候,可以使海水养殖的鱼类和加工的海产品迅速达到高产。除了在华人社区销售外,林孟德还把目光投向了穆斯林社区。

如果能够取得穆斯林颁发的哈拉证书[1],这将有助于将产品销售到所有的穆斯林国家和地区。为此林孟德邀请文莱渔业局局长来鱼排考察。

郑镇雄:这个是准备养着做鱼种的,等我们的育苗厂建起来,用这些做繁殖的鱼种。这种鱼大概四年就可以做鱼种了,这些养了两年半了。

郑镇雄:有个问题我们要请教一下,像我们这样一个养鱼场,现在要申请哈拉认证,申请健康认证,要找哪个部门?

刘碧琪(林孟德文莱合伙人):产品有包装就比较容易申请,如果是一条条的鱼就比较难,要有包装的产品。

---

1 Halal,即"清真",意为"合法的",就是符合穆斯林生活习惯和需求的食品、药品、化妆品以及相关的添加剂,合法与非法主要源于《古兰经》的要求,这构成了穆斯林饮食文化的基础,也是企业生产清真食品必须遵守的准则。

林孟德：以后我们用真空袋，外加一个盒子，一盒一个。

现有的鱼排已不能满足需求，林孟德向文莱渔业局申请了更大的养殖基地，为此他与郑镇雄一起到现场考察。

郑镇雄：就在沙滩那边，现在规划了六十八亩，就是我们中国的亩，大概是五万平方米左右，用来建育苗厂、加工厂、冷冻厂，这块地已经批复给我们了，因为他们想把文莱推广成整个中东地区清真食品的基地，我去参加了好几次会议，他们一直希望我们尽快做起来。

每年的文莱新年都会有王宫开放日，开放日那天热闹非凡，国王哈吉·哈桑纳尔·博尔基亚会接见所有的访客。在今年的开放日中，王宫里出现了两位从中国来的访客。

随着与文莱渔业局合作的日益深入，林孟德和郑镇雄已逐渐融入当地生活，新年里，他俩还来到当地合作者的家里。

郑镇雄：这么多好吃的东西啊！
林孟德：你好！
刘碧琪：这个就是叻沙【图8】。
郑镇雄：叻沙。

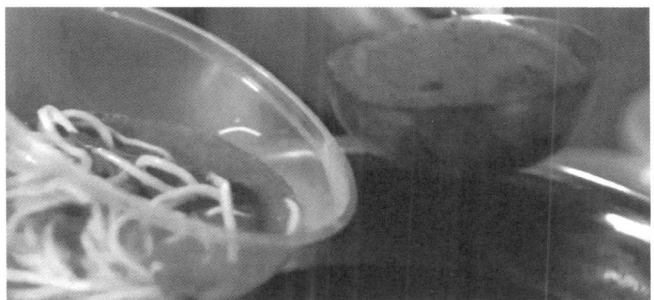

【图 8】源于马来西亚的面食料理叻沙。
【图 9】羊肉。
【图 10】文莱传统美食"马来糕"。

林孟德：这个就是羊肉【图9】。

郑镇雄：太丰盛了。

刘碧琪：先舀一点点酱，其实是面包。这个是我们这边的传统的"马来糕"【图10】。来，请坐。这是我的女儿。

郑镇雄：你好！

林孟德：还没毕业呢？

刘碧琪：毕业了，她读完了，这个（儿子）要上大学了。

郑镇雄：这个要上大学，也是在文莱上大学吗？他不是要去中国学中文，我们带他去呀！

……

爱拼才会赢

在普通人眼里，非洲的马达加斯加物资匮乏，许多人还在温饱问题上挣扎，而对泉州人蔡国伟来说，这个欠发达的国家给了他商业机会，在这里侨居了二十年，他仍然会经常深入农村做市场调研。

蔡国伟：这些是来自塔那[1]的吗？环球商场有很多。

马达加斯加是坐落在东非的一个岛国，与印度洋紧密相连，得天独厚的地理位置，决定了它与中国的商贸往来从古至今就没有停止过。

二十多年前，蔡国伟刚到马达加斯加时，这里的村民们每人只有一块裹布，白天裹在身上当衣服，夜晚盖在身上当被子。当蔡国伟再一次走访当年他去过的村子时，村民们至今记忆犹新。

蔡国伟：1998年我来的时候，你们都是一块布裹着，没有衣服穿，是不是？

北莫利柯街【图11】是马达加斯加首都塔那那利佛最繁忙、嘈杂的一条街市，这里是马国最大的货物集散地，二十多年来，除了下

1　Thane，位于印度马哈拉施特拉邦西部，临阿拉伯海，是属于孟买的卫星城。

【图11】马达斯加加首都塔那利佛最繁忙的一条街。

乡促销,蔡国伟的大部分时间都会在这条路上行走,从事服装及日用品的销售和批发,从最初的街边小店到即将要完工的马国最大的批发市场,他和他的儿子感慨万分。

  蔡国伟:从1998年爸爸来这儿到现在的这十七年中,这四周基本上没有什么变化。

  蔡国伟:金刚,1998年爸爸刚来的时候,费了两三个月才跟老板谈好了这个店,当时人手不够,你放学回来还会过来帮忙,当时你也才十一岁。

蔡金刚（蔡国伟儿子）：我记得一到圣诞节人手不够就来这边看店。

蔡国伟：有一天有两三个南非人来这边买货，只有你一个人在，他付你美金，你当时怕美金是假的，小孩不懂嘛，你就跟他去银行换，你怕，肯定怕，是不是？

蔡金刚：当时一过来，天天就坐公交车，去哪里都坐公交车，父亲有时候就问我为什么不打的，我说了一句，打的会被人家拉去卖，公交车还可以喊，人多……独立吧，其他也没什么。

蔡国伟：你爸带动一个家族来到马达加斯加，这个家族文化素质都不高，你爸本身素质不是很高，也没文化，到现在连马语当地语言都不通，作为我们家族的这些子女，也只有你读到了高中，还学了法语，你妹妹专门去法国学习，所以就像刚才你讲的，你也要承担这个家族的责任。

蔡金刚：反正在这边要熬得起，耗得起，忍得住，就这三方面，至于其他的，跟着家人走吧，不然，一个小孩子刚过来也不懂，接触多了自然而然也就融入了吧。

二十多年前，蔡国伟带领全家赤手空拳来到马国谋求发展，其间经历了疟疾、抢劫等种种磨难，不服输、爱拼才能赢的性格伴随着他一路走到今天。

今天，蔡国伟仍会坚持定期下农村调研，同时他也不忘回馈社会，下乡时他经常会多带些新款样衣送给当地人。

蔡国伟投资建造的近五千平方米的高楼，将是北莫利柯街上最大的商铺，除了继续批发服装、鞋帽等日用品外，部分商铺将开放出租。

蔡国伟：现在（距离）预期的工期还有多长时间？

小郑：六个月。

蔡国伟：安全问题、质量问题一定要抓好。

小郑：好的。

蔡国伟：要注意，这就是模板了，一定要注意密度，要不水泥露出来会产生质量问题。

由于不同的国情与文化的差异，在华商与当地的合作中产生的纠纷接踵而来，作为马达加斯加华商总会会长，蔡国伟一直在努力为当地华商争取权益，就华商的安全保障、税收制度、签证等问题，蔡国伟与马国国民议长、高院院长、外交部部长常常在一起沟通，儿子金刚则是得力的助手和翻译。对他来说，帮助华商们摆脱困境是一份不容推卸的责任。

薪尽而火传，人类文明的传承与流转，很大一部分是技艺的交流。随着海上丝绸之路贸易的深入，跨文化之间的科技交流，技术合作从未停止过，贸易之路也是互学互鉴，合作共赢之路。

中医药文化犹如静水深流，潺潺地流淌着自己的智慧能量。越来越多不同民族、不同肤色的人们渐渐认同中医的理念，从中医学中感受到了博大精深的中国文化，中医不仅是治病，更是问道。

第六章

问道

善于利用草药是中国久远的医学传统,这一传统也经由文化交流之路,传播到亚洲各地甚至更远的国度。而对于中国的医家来说,运用草药只是术,真正中医的核心是在问道。

拜访印尼中草药专家

拥有印尼最大的草药园的玛莎蒂拉尔家族，引起了中国广州药业集团的关注，于是广药集团派周云峰专程来到印尼雅加达，拜访了玛莎蒂拉尔。

周云峰：你提到过，草药可以说是亚洲的一个标志。

玛莎蒂拉尔：中国也有草药，是一样的。

周云峰：关于草药，你有很多故事，能跟我讲讲这些故事吗？

玛莎蒂拉尔：当时我个人生活遇到问题，结婚十三年还没有孩子。我去了瑞士、荷兰，当然还有美国以及印度尼西亚，去看生育方面的专家，但是他们都说我不能生孩子了。但是我非常幸运，因为我的祖母就是草药学家，她告诉我不要担心，当时她已经一百零七岁了。她是草药学家，她说我会用草药治好你的。三年半后，我停经了。我去看医生，告诉医生我怀孕了。因为当时还没有验孕棒，我只好等一百二十天。一百二十天后，他把超声波探针放在这里，然后说，恭喜你怀孕了。我特别高兴，我女儿非常漂亮。她在波士顿毕业的时候，听到教授说到她的名字时，我当时就哭了。这就是为什么我到现在快八十岁了还致力于保护草药学，这是为了所有人，我很开心。

一次与草药的神奇邂逅，让玛莎蒂拉尔与纯天然植物的开发

【图1】木槿。
【图2】姜黄。

结下了终身的缘分。于是,玛莎在雅加达郊区建成了草药园,在以印尼本土植物为主的三万多种植物中,已知可以入药的达七千多种。

周云峰:田纳先生,你的草药园真漂亮,植物很多,这是什么花?

田纳:这是木槿【图1】,是美白的,因为美白产品很流行。

周云峰:这个呢,它有什么作用?

田纳:哦,那是止咳的。

田纳:这是姜黄【图2】,有护肝的作用。当然,这种草药要花较长时间才能起作用。这种药疗效更慢,但和化学药品相比没有副作用,所以草药现在在印度尼西亚很受欢迎。

叩问中医药之道

樊正伦

中医学家

取材于普通植物的药材是最古老的保健方式,也是传统中医药的重要组成部分。中华医药,在海外人士那里经历了从陌生、迷惑、好奇到接纳、推崇的过程。越来越多的人试图叩问中医药的神奇之道。

樊正伦:大家从世界各地到这儿来学习中医,我想请问大家一个问题:人从哪里来?老子《道德经》中有一句话,这句话很重要,叫作"道生一,一生二,二生三,三生万物"。

那么"道生一",这个"一"是什么?看到中间这个太极【图3】没有,在中国古代"一"就是太极的延伸。

正在讲授中医理论的樊正伦,从小跟曾做过段祺瑞家庭教师的外祖母学习国学。1965年,樊正伦到宁夏农村插队并自学中医,在六盘山上,他效法神农尝百草以身试毒来体会草药的功效。1977年,他直接考取了辽宁中医学院研究生,毕业后他在从事临床诊治的同时一直在整理中医古籍。

樊正伦:木火土金水的"五行"是人们总结出来的东西,它和"阴阳"一样都来源于太极的变化。

【图3】太极八卦图。

　　围绕在樊正伦教授身边的是来自世界各地的留学生。虽然他们对中医药有着浓厚的兴趣，但掌握领会中国传统"天人合一"和"阴阳五行"的理论，对这些以中文为第二语言的外国人来说，的确是巨大的挑战。

　　黄红来自泰国偏僻的乡村，受华佗故事的影响，在家人的鼓励下，她来到广州中医药大学学习中医药学，每年假期她都会回到家乡，为左邻右舍义诊，今年是她在广州中医大的最后一年学习。

　　来自以色列的罗凯，祖先曾与中国有贸易渊源，因此他一直对中国文化有一种亲近感，为此他来到中国学习中医并坚持了八年。

樊正伦：（腿的）内侧是阴还是阳？

罗凯：阴。

樊正伦：好，（腿的）外侧是阳还是阴？

罗凯：阳。

索菲亚来自缺医少药的非洲科摩罗[1]，那里疟疾肆虐。广州中医药大学组织了快速消灭疟疾的团队到当地义诊，使索菲亚与中医结缘，之后她来到广州学习，今年是她学习中医的第一年，尽管学习上困难重重，但她仍在坚持。

索菲娅：我妈妈身体不太好，她患有癌症，这个病让我们生活很艰难，因为妈妈已经做了两次手术，我很心疼她，想照顾她。因为癌症在科摩罗越来越多了，所以我来这里学中医，希望能帮助我妈妈和别人的妈妈。

樊正伦：你母亲得了这个病，我们也感到非常难过，癌症确实是一个很难治疗的疾病。

罗凯：老师，在以色列我们除了用西医，还用中医辅助治疗肿瘤，我想了解一下中医对肿瘤是怎么认识的？

---

[1] 是非洲一个位于印度洋上的岛国，主要由三座火山岛组成，又称"月亮之国""香料之国"，位于非洲东侧莫桑比克海峡北端入口处，东、西距马达斯加和莫桑比克各约三百公里。

樊正伦：从中医角度看，当你心情不愉快时，气的运行就不通畅了，气的运行不通畅时间长了，血的运行也就不通畅了，这在中医上叫气滞、血瘀、痰凝。一旦到了痰凝、凝聚的时候，肿块就出现了，一旦这个肿瘤在内外原因影响下出现毒化，就变成恶性肿瘤了。中医根据这种情况，在治疗的时候首先让这个人放松。在治疗手段上主要有五个方面，行气、活血、化痰、散结、解毒。无论什么肿瘤，中医的治疗就是这五个法则。

黄红：老师，我在泰国治疗了两个病人。一个病人全身不能动，因为他患有脑水肿，手术后也完全没有好。另一个是中风，脑出血，身体一边不能动。我已经用过针灸了，还有没有其他方法可以治疗这个病？

樊正伦：我觉得治疗这种疑难杂症，要记住一个原则：治急性病，要有胆有识，该用药的时候马上就得用；治慢性病，因为他已经有后遗症了，要有方有守，不能希望毕其功于一役，一下就把他治好，要慢慢调整他的气血。

除了传授中医理论，樊正伦教授还经常和学生们一起考察当地的药材。

樊正伦：你看周围都是我们经常用的草药，这是广防风，这是毛松等等。因为这个地方是常绿树，所以有很多植物确实都可以入药。你看，这是一棵枇杷树，它的叶子的药用作用更强。

黄红：川贝枇杷膏就是用枇杷叶子【图4】来做。

樊正伦：对，我们经常用的川贝枇杷膏，实质上最常用的是潘高寿[1]蜜炼川贝枇杷膏。这个不只在广东用，在整个东南亚都在用。从这个树上我们可以看到，中医的药物和食物之间没有严格的区别，药食是可以同源的。

我们现在看到的是广藿香【图5】，请大家都过来看一看。这个广藿香是地道的药材，所谓地道的药材，就是得到这个地方气候地理条件的影响，它的药效就最高。

中医讲究选择地道药材才能药到病除。每个周末，黄红、罗凯他们都会到药材市场练习辨认药材的质地。

罗凯：金银花【图6】是清热解毒的。

朱利安：金银花性寒，缓解嗓子干涩。

罗凯：它性寒，喝的话可以清热，是解表药，清热解毒，治疗感冒。

---

[1] 广药集团旗下广州药业的核心企业之一，以生产止咳化痰的中成药而著称。始建于清光绪十六年（公元1890年），迄今已有一百多年的历史，为"中华老字号"。

【图4】枇杷叶。
【图5】广藿香。
【图6】金银花。

朱利安：它有一点甜，我喜欢它微甜的味道。

为了选购配追风苏合丸的药材，樊正伦教授和学生们来到中药店。

老板：追风苏合丸二十八味药材齐了。

黄红：我懂这个药，这个是肉豆蔻，我们泰国也有。

老板：是的，我们的很多药材都来自国外。这个是乳香、末药、丁香、草豆蔻、肉豆蔻，都来自于国外。

罗凯：这个好像是我们国家有的，以色列那边。

樊正伦：这些药都是从国外进来的，都是舶来品，那么这样的药为什么会变成我们现在使用的中药呢？在中药的发展进程中，有一个逐渐扩大的历史，这个历史就是从海上丝绸之路和陆上丝绸之路上运来很多舶来品。这些药进入中国后，我们不是按现在化学的方法，而是按照中医的阴阳五行、升降浮沉的理论，把它加以归纳，纳入中药的范畴。而且这些药在长期的使用过程中，都已经变得不可或缺。所以中医药学实际上是一个包容了很多国家中药草药的综合体。

中国古人对草药的应用有着悠久的历史，而对草本植物进行炮制提炼更是古人智慧的创造。唐代的《新修本草》是我国第一部官修本草书，其中已经记载了炼、煎、烧、熬等基本的炮制方法。后来医学家孙思邈又增加了水飞[1]、蜜制、酒制的内容，中草药不同的炮制方法可起到去毒、转化、协同等作用。

老师：炒制的时候，药要沿着一个方向炒【图7】，你可以试一下。
小郑：能不能这样炒？
老师：不可以这样。
老师：沿着同一个方向。
老师：炮制药材已经结束了，我们现在就要去炼制。炼到一定程度，就可以用勺子扬起来，看看是不是有黏性【图8】，达到滴水成珠【图9】的效果。

追风苏合丸的炮制方法几乎涵括了净、切、蒸、炒、炙、煨、水飞等方法。其中苏合香是一种特别珍贵的药材，在使用时经纯化后加入炼蜜中混合，使其均匀分散至每一颗药丸中。

---

[1] 利用粗细粉末在水中悬浮性不同，将不溶于水的药材与水共研，经反复研磨制备成极细腻粉末的方法。

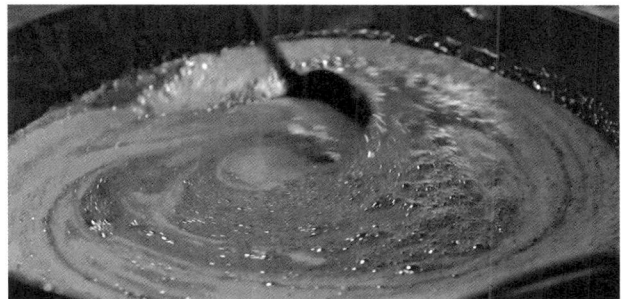

【图7】炒制药材时要朝一个方向搅。
【图8】炼制药材时要检查药是否有黏性。
【图9】检查药是否能滴水成珠。

中医药惠及全世界

以色列

完成中医理论的学习之后,罗凯继续在广州十三行国医馆跟袁青大夫实习中医针灸。罗凯计划学成之后回以色列开办自己的中医诊所。

袁青:一定要有艾烟的香味,适当的烟是提神的,所以要保持室内通畅,要让他闻到又不能太浓,没有烟就不治疗了。可以把两个火球对准他的头尖,靠近他【图10】,跟他交流有没有热,问问他。这个过程中如果热了他会说,他一热你就换个位置,这就叫"雀啄灸"[1]。

泰国

结束了在广州中医药大学五年的学习后,黄红回到泰国家乡廊磨喃蒲府,她常常会去寺庙参与公益活动。

黄红曾利用暑假为患脑血栓的边爷爷进行了两个月的针灸治疗,今天她特意登门了解边爷爷的近况。

---

1 属艾条灸之一,指将艾条燃着端对准穴区一起一落地进行灸治,施灸动作类似麻雀啄食,故名。此法热感较强,多用于急症和较顽固的病症。

【图10】为病人施"雀啄灸"。

奶奶：进来吧！

黄红：爷爷先坐吧，奶奶也是，最近怎么样？

爷爷：好点了。

黄红：我来看看。

奶奶：现在可以骑车了。

黄红：把那边的脉，现在请爷爷试一下提手。可以，轻松多了。

爷爷：对啊。

黄红：腿部也轻松多了是吧？

奶奶：以前如果不帮他提手，自己就提不了。

黄红：那时我只帮他扎了一个月的针。

奶奶：来治疗了一个月。

黄红：我扎这里、这里和这里，一共六个穴位。我扎针时爷爷没有什么感觉，好像是在扎木头，对吗，奶奶？

奶奶：真的。

黄红：第二次扎针，他就慢慢开始有反应了，痛了，对吧爷爷？

奶奶：假如没有黄红，也不知道他现在能不能走路。

黄红：哪里！哪里！请爷爷伸腿可以吗？动动身体给我看一下。提起手臂，腿以下屈伸给我看看，好多了。现在爷爷都能出去玩了。

奶奶：现在他去看打鸡比赛。

黄红：好牛啊，就是说他能回到正常的生活了对吗？

奶奶：对，都正常了。

黄红：爷爷笑一下嘛！

奶奶：没牙了。

在廊磨喃蒲府，黄红几乎没有闲暇的时间，她常常会走访乡邻，帮助有需要的病人诊脉、针灸、推拿，很快成为当地小有名气的中医。

学生：为什么要关风扇呢？

黄红：寒凉进背不好。

奶奶：舒服。

黄红：你看到红点了吗，这就是病人有问题的地方，也就是有淤血或有热的地方，中医可以用火罐把它们拔出去【图11】，比如说有血瘀就能让气血流通畅。

学生：那红点会不会走掉呢？

黄红：会的，一个星期以内就走掉了，健康的人三天就走掉了。

学生：会烫吗？

黄红：不会，轻松吗，奶奶？

奶奶：哦，轻松！

黄红：在吗？你好！今天我来扎头部、手臂、腿。

叔叔：要扎肩臂吗？

黄红：要的，把它拉上去，叔叔肩臂痛吗？

叔叔：不。

黄红：别紧张哦，放松。这个疾病已经多久了呢？

阿姨：快两年了，之前他一直头晕，医生说他是脑血管堵塞，一定要做手术。

黄红：痛吗【图12】？

叔叔：还没有。

黄红：可以了吗？

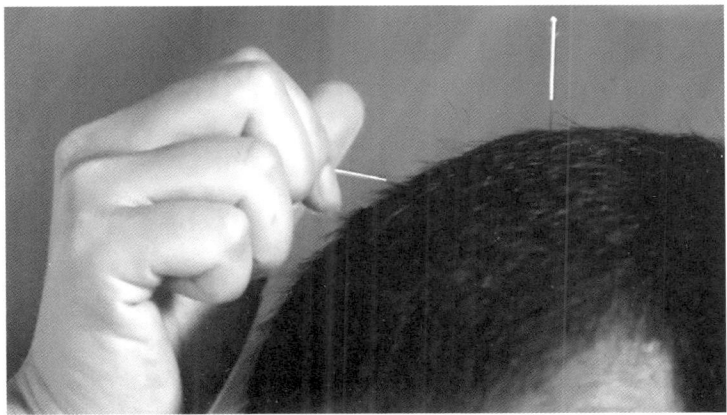

【图 11】拔火罐。
【图 12】针灸。

叔叔：对了。

黄红：希望你会痊愈。

阿姨：希望会，医生也会出名的。

黄红：最后三阴交穴[1]吧。

叔叔：哦，感觉到足部麻木。

黄红：能穿上鞋吗？

阿姨：可以的，但是用踢的。

新加坡

中医、中药随着下南洋的商船在宋朝以后就在东南亚一带落地生根。20 世纪末，新加坡政府开始对中药的进口批发、分装进行考核和监管，经过严格检疫后，中国的一些经典药品在新加坡深受欢迎，不仅是华人，连马来人、爪哇人都接受了中药。

由"钟炎洲药业"独家代理的夏桑菊就十分畅销，成为许多家庭的常备药。钟衍燊是福建泉州人，家族世代中医，祖父随商船来到新加坡。

---

1 指足部的三条阴经中的气血物质——脾经提供的湿热之气、肝经提供的水湿风气、肾经提供的寒冷之气的交会之处，故名三阴交穴。

钟衍燊（原新加坡中医药保健品商会会长）：这个是当年你曾祖父教你爷爷中医学术的时候，你爷爷做的笔记【图13】，有空你也拿来看看，非常严谨。从这本笔记可以看出，我们上一代对中医中药的执着，里面也记载了我们的家谱。你爷爷毕业于广州国立中山中学，后来他来到新加坡跟你曾祖父学中医。你看家谱中从明朝到现在，我们家代代都是中医。爷爷还很自豪地说："我们家每一代都是读书人。"这张是当年你爷爷新店开张时的照片【图14】，来祝贺的人很多。那时我年纪还小，经常跟爷爷出门，看爷爷给人家治疗、急诊。当时爷爷用针灸和灯芯草刺激穴位，为人家治疗中风，非常有效。

除了跟儿子聊家史，钟衍燊认为对地道药材的识别，也是从事中草药行业必备的知识。

钟衍燊：中药讲究的是地道药材。比如我们所用的三七，地道的是云南文山的，我们长期和云南的一家供应商买地道的。

在新加坡中华医院从事临床诊治的陈鸿能，早期在中国南京学习中国文学，之后在中国广州中医药大学攻读中医药硕士，师从中医名家邓铁涛，毕业后回新加坡从事中医临床和教学。

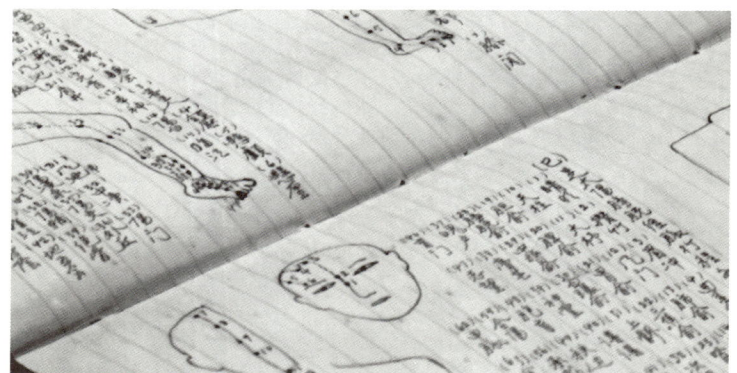

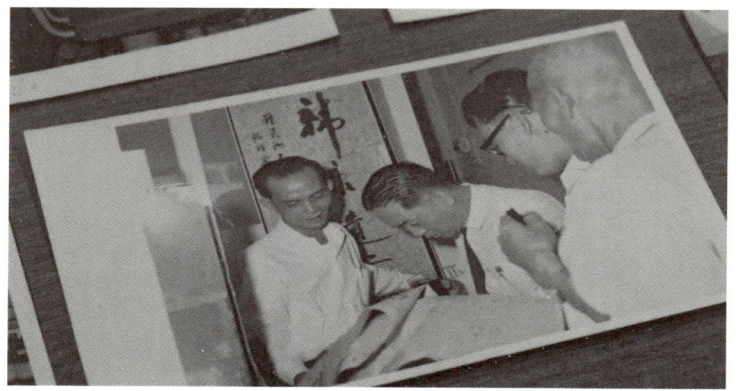

【图13】钟衍燊的父亲学习中医时做的笔记。
【图14】钟衍燊的父亲的新店开张。

陈鸿能在新加坡行医已有三十多年，尤其擅长脾胃病的治疗，前来寻医的患者并不只是华人，很多患者来自马来社区。

陈鸿能：哪儿疼？

病人：肚子疼，胸口也疼，有时候说不出话，如果说得很快的话，就说不出来。

陈鸿能：睡眠情况怎么样？

病人：有时候能睡着，有时候睡不着。

陈鸿能：睡不着觉？

病人：对，睡不着。

陈鸿能：好的，我还给你开以前的那种药，开四天的，要多喝水。

在马来民族的饮食中，椰浆是最主要的调味品，马来民族几乎餐餐离不开椰浆。因此许多人患有高血压、高血脂症，继而引发心脏疾病。熟悉中国文化的马来社区领袖耶亚华，希望用中医药来解决马来社区的健康问题。

陈先生：耶亚华先生是我们马来人中非常优秀的。

陈鸿能：很高兴认识你！

耶亚华（新加坡马来族社群华文学者）：请坐！

陈先生：当年他父亲很有远见，他看到很多华人从中国来的时候都一穷二白，但经过自己的奋斗最后生活都比较富裕，他从中看到了中华文化的博大精深，因此就希望儿子学习中文。

耶亚华：中国文化是讲和谐的，这个文化是建立在天人合一、以和为贵的基础上，不侵略。我读过中国历史，没见过汉族占领别人的土地，这个是肯定的。早期中国人和回教徒的联系相当密切，郑和是回教徒，是穆斯林。他每次下西洋，都在马六甲停留很久。根据历史，郑和带领的那些人，有回教的专家（各方面的），也把中药介绍给当地人。

陈鸿能：郑和下西洋的时候以和为贵，这个跟我们中医的观点是一致的，也就是说我们也经常用和的观念来治病。

耶亚华：因为读了中文，也看过一些中药方面的书，中药反映了中华文化的特质，跟西方不一样。2004年卫生部公布马来社群的健康问题，发现马来社群疾病发病率全国最高。那时马来部长非常紧张，过去没想过会有这样的问题发生。我就跟陈先生讨论了两个钟头，经解释之后，他说我派中国这方面的专家来讲讲怎样注意健康的课题。这是新加坡马来世界第一次听到这么深奥的重要哲理，通过一系列这样的演讲，我们成功打破了马来世界对中药的抗拒心理，从那个时候起，马来世界对中药非常欢迎，一直到现在。

英国

中医药西传始于 14 世纪,在土耳其苏菲国立图书馆发现的波斯文《唐苏克拉玛》的残本[1],是迄今发现的最早的中医西传的书籍。这本书是由波斯国蒙古可汗时期的宰相拉什德,于公元 1247 年到 1318 年组织学者编译的。随着海上和陆上丝路构建起来的中西交流通道,中医中药也获得了更广泛的应用。

在英国布莱顿,独特的药香弥漫于这家名叫阿维森纳的中医院。医院已有二十七年的历史,创建者是英国人马星。不同于其他西方中医诊所,马星坚持以最传统的方式为病人煎制中药,以保证疗效。

马星:好像可以了。

职员:这样蒸了四个小时,现在看这个滴的程度【图15】还是比较好的。

马星:非常好。

职员:如果你觉得好的话我就准备炼蜜,然后加热给病人包装了。

马星:好的,谢谢。

---

[1] 之前普遍认为针灸于公元 17 世纪传入欧洲,该书残本的发现将其提前了约三百年,把中医药学西传的时间推进到了我国元代。

【图15】通过观察药滴的程度判断是否煎好。

诊所的合伙人是马星的太太皮娅,当年在南京中医药大学问道中医的时候,两个人是同学【图16】。

1979 年,马星开始学习古代汉语、现代汉语和针灸。从 1983 年开始,他先后在南京、上海和台湾学习中草药学。1987 年,他从上海中医药大学获得中医学博士学位后,回到了英国创办了阿维森纳中医院。

马星:凯莉,我们上次见面是在一个月前吧?你恢复得怎么样?
凯莉:我这几周感觉很好,我恢复得特别好,这些药非常对症。

我觉得好多了，更有活力了。现在唯一的问题是，在我手臂内侧还有一些斑点。

马星：我看一下。

凯莉：从上周开始有加剧的趋势，变成三角形了。

马星在皮肤类疾病、过敏症和自身免疫性疾病方面有特殊专长，多年的临床经验使他成为在西方世界践行中医哲学、运用中草药进行医疗实践的顶级专家之一。

马星：好，我给你诊一下脉，看一下你的舌头，很好。

凯莉：看起来快好了吗？

马星：是的，不用太担心。现在可以用新的治疗方案来巩固之前的进展了。我们将用一些滋补药品来稳定身体状况。之前你体内的毒素破坏了血液水平和"阴"的水平，所以需要一些药物来抑制毒素，我会开一个最后的药方来维持你身体的稳定。同时，希望你继续注意健康，积极锻炼身体，避免吃过冷的、生的、难以消化的食物，保持良好规律的睡眠，保持心情愉快，这基本是最后的治疗步骤了。

凯莉：能走到这一步真的很激动，都快一年了，现在我很有成就感。

【图 16】图左侧骑自行车的为马星、皮娅夫妇。

在难得的闲暇时间里，马星和太太从布莱顿到布里斯托看望拥有中草药园的老朋友安东尼。

马星：很漂亮吧，这是木贼，是一味中药，在中医里它主要用于疏散风热。我们找托尼看看他种的草药。

马星：很高兴又见面了。

安东尼：好久没见了，你好！你的花园现在怎么样了？

皮娅：我的花园挺好的，但是不如你的漂亮。

安东尼：进来看看吧，家人现在怎么样？

马星：挺好的，你不会相信，我的小儿子现在在上海学习中医。

安东尼：上海？你以前也是在上海学习，是在你以前的学校读书吗？

马星：是的。

安东尼：同一所学校？

皮娅：是的，他已经在那儿待了一年了。

安东尼曾是马星培训班的学生，1999 年，他获得了英国丘吉尔奖学金，得以来到中国遍访各地中草药植物园，研究中国本草学，并掌握了关于中草药移植的知识，之后在布里斯托创建了欧洲最大的可供中医教学和实践的中草药园。

安东尼：我们很大程度上模仿了苏州园林的风格。这边主要种植一些藤蔓植物，中药里有很多藤蔓植物，不像欧洲的草药园那样。这条小道上种了各种各样的藤蔓植物，有葛根。这是另一种木通，你见过它吗？

马星：百药煎。

安东尼：这是百药煎。这是百合，可以用来清肺。白茯苓，它们的叶子可以生发，种子对心脏有益。我们根据"阴"和"阳"这两个相对的概念划分区域。在这边，我们种了一些滋补气血的"阴"性植物，这边我们种了一些像丹皮这样的"阳"性植物，是我从南京带回来的，野生的，非常稀有。那是中国最古老的植物园，那里有最好的中药园，就是那个中药园帮我们建立了这个植物园。

皮娅：一进来就暖和了。

安东尼：这是南京植物园赠予我们的，他们通过武汉研究机构得到这些，那里是中国主要的荷花种植中心，我们想用不同的品种展示不同的特色。这是青蒿【图17】，一年生植物，是中国献给世界的非常重要的礼物，它用于治疗疟疾。

马星：整个配方中各种药物的搭配让中医如此独特。

安东尼：这是一个复杂的体系，有时候甚至现代科学也无法解释，难以鉴定。中医包含了无数的未知，听起来甚至有些不可思议，但是它们的效果却代代传承。

【图17】青蒿。

马星:中医延续了几千年,影响了无数人。

美国

在美国西雅图的巴斯蒂尔大学,曾经从这里毕业的伊丽莎白在给学生讲授中医经络学。

伊丽莎白·马拉奇诺:用后脚跟踩在上面,然后找石头【图18】。可以踩到大一点的石头上,现在如果能感觉到酸痛这很正常。这只是代表着一些不平衡，也许是因为焦虑、学习太努力。掌跟处是肺部反射区，我们知道肾和肺是连结的。

巴斯蒂尔大学是美国非传统医学院，学科方向为自然疗法。自 1985 年开设中医按摩课程以来，深受学生们的欢迎，之后，学校开设了中医理论、中药、针灸等一系列课程，中医学俨然已成为学校的一张名片。

老师：通常我们诊脉都是用一只手，不是两只手，因为两只手的敏感度是不同的。如果你习惯右手，那么就用右手诊脉即可。然后用中指切关脉，用食指切沉脉，无名指放在这里【图19】。

学生：好的。

老师：你感觉怎样？

学生：感觉更微弱了。

老师：更微弱了，我同意，至少我们有同样的感受了，非常好。

老师：来，各位，我们有一个配方。我们需要柴胡、白芍、枳实、炙甘草，三包，每味药九克。汉娜，你拿着的炙甘草，这个配方的作用是什么？

汉娜：炙甘草可以补脾益气。

老师：在配方里调和诸药，我们还有白芍，米西，白芍在这里

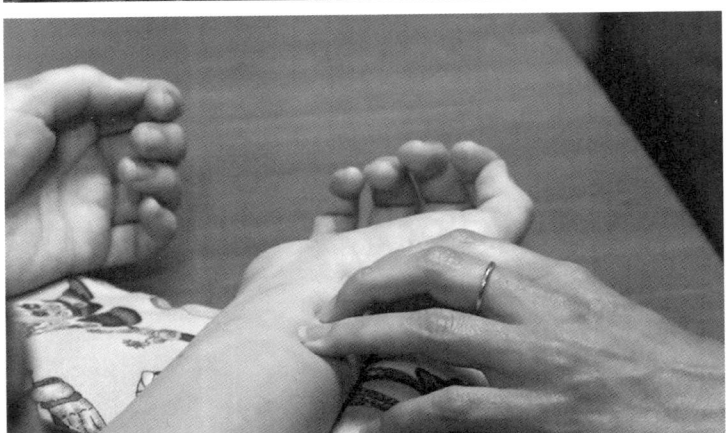

【图18】踩石头。
【图19】诊脉。

的作用呢？

米西：白芍可调和肝血，缓解肌肉拘挛作痛。

老师：艾伦拿的是枳实，枳实的常见功效是什么？

艾伦：枳实在这个配方里是用来平衡柴胡的，柴胡疏气，而枳实用于破气，有助益气。

老师：好，都装在袋子里。

中医药文化犹如静水深流，潺潺地流淌着自己的智慧能量。越来越多不同民族、不同肤色的人们渐渐认同中医的理念，从中医学中感受到了博大精深的中国文化，中医不仅是治病，更是问道。

新的学年到来了，"白云山神农草堂"里又传来了"道生一，一生二，二生三，三生万物"的声音。生命不止，对生命本源的探究也不会停止。而对于行走在丝绸之路上的人们，也一代又一代，生生不息。

迢迢海路上绵延不断的非物质文化的那一缕人文乐音,看上去好像都是闲笔,跟家国大事无关紧要。但润物细无声,恰恰是文明传播极重要的成分,粤菜、粤剧、南少林功夫、华语乃至中国传统的道教文化,儒家的仁义伦理观等构筑起一条文化和精神层面上的"海上丝路"。

第七章

脉缕

食不厌精,中国人对美食的追求也体现着中国文化中乐观坚韧的色彩。正是这样的乐观坚毅与博大精深,纵然经历过风风雨雨、沧海桑田,华夏文脉仍然绵延千载,不绝如缕。

粤菜：烹小鲜若治大国

庄臣

美食节目主持人

游走于媒体与厨室之间的美食文化推广者庄臣，不厌其烦地挑选最新鲜的原料，只为在自己主持的最近一期美食节目上展示"蒸鱼"的奥妙。

庄臣：我记得小时候去一个公园，你带我去吃蒸鱼，在西关的一个公园——荔湾湖。

庄母：是的，你还记得？

庄臣：现在想着都流口水。

庄母：我去湛江演出，在海边刚好有船开过来，那些鱼新鲜得活蹦乱跳，我们就买回去马上蒸来吃，真的很甜。因为广东人家家户户都会蒸鱼，一条鱼蒸多少分钟，多大条鱼蒸多长时间，全部有规定。

庄臣：妈，其实蒸鱼真是有很多巧妙，我的一个心得就是放陈皮，这是十五年的陈皮。

庄母：嗯，很香。

庄臣主持《百味广州》节目已有三年，在六百期的节目里，每一次他都试图为观众带来新的感受。

拥有一辈子舞台生涯的母亲，是庄臣最重要的幕后策划人。

庄臣：这样比较有朝气。

庄母：可以看到眼睛，有眼神。观众就要看你的眼神，妈妈在舞台上几十年和观众交流，就是靠眼神，必须要有眼神才行。

庄臣：好，就选这个了。

庄母：感染力很强，有型，你转身看一下，对，多潇洒，唱一下。

庄臣："一叶轻舟去，人隔万重山。"

庄母："鸟南飞，鸟南返，鸟儿比翼何时再归还，哀我何孤单，何孤单。"

此时，庄臣来到节目录制现场，一切准备就绪。

庄臣：好了，今天我要说一样大家很喜欢吃的东西，就是鱼。中国人有句古话叫"烹小鲜若治大国"，说的就是虽然是煮鱼，但是有很多细节。鱼一定要选瘦的，不要胖胖的，这条鱼（活蹦乱跳）还是很新鲜，然后很重要的一个环节就是陈皮，要能闻到它的香味。粤菜蒸鱼的最高境界就是下胡椒粉，因为胡椒粉也是去腥味的一个功臣，但是胡椒粉不能下到让大家吃出来。

妈妈和岳母都是庄臣的铁杆粉丝，每次节目播出她们都准时守在电视机前,一期也不落。

>庄母:亲家,快点来看庄臣的节目,他在做菜、试菜。
>
>庄臣的岳母:我每个星期都看,每个星期都有他的节目。
>
>庄母:我朋友看了都说好。
>
>庄臣的岳母:美食家,当然有很多人欣赏。
>
>庄臣:其实我们在经过这么多步骤和细节之后,只求达到吃鱼的最高境界——"鲜而不腥"。

庄臣的节目不仅吸引了国内的观众,同时也受到了海外粤菜爱好者的推崇,应法国厨师伊万的邀请,庄臣来到他的餐厅交流蒸鱼的技巧。

>伊万:庄臣!
>
>庄臣:早上好!
>
>伊万:你好!
>
>庄臣:你好,很高兴认识你!
>
>伊万:我今天特别开心你能来我的店,我经常看你的节目。

伊万致力于创意菜的研发,他一直在琢磨法餐和粤菜的融合,粤菜在烹调技巧上对海鲜的拿捏一直是萦绕在伊万心头的疑问。

庄臣：你平时做鱼吗？

伊万：也做过，但经常会出一些问题，有时候会一边太生，一边太熟。

庄臣：我告诉你一个秘密，因为鱼的肚皮和尾巴比较薄，就在这里捌一刀进去【图1】，这样它一个是受热均匀，另外一个在调味的时候容易入味。

庄臣：哦，非常好，就这样，刚刚到骨头，现在就可以加盐和胡椒粉了。还有一个环节就是一定要用筷子把鱼撑起来【图2】，让蒸汽可以进去，这种大小的鱼一般要蒸六分钟。

伊万：需不需要三分钟之后把它翻过来？

庄臣：不用，因为有筷子撑着，它的两面都有蒸汽。

伊万：把蒸汽控制在里面。

庄臣：对，控制在里面更加好，闻一下香不香？

伊万：非常好。

跟随出海经商的广东籍移民，粤菜很早就传遍了东南亚一带，并与原住民的饮食文化融合。应马来西亚饮食协会的邀请，庄臣来到吉隆坡进行文化交流。

【图1】捌一刀可以让鱼受热均匀,更容易入味。
【图2】用筷子把鱼撑起来让蒸汽进入,鱼更容易熟。

庄臣：中国商人几百年前就来马来西亚经商，同时也把粤菜文化带到了这里。

王金华：中国的广东人来到马来西亚，凭的就是三把刀——剪刀、剃刀、菜刀。其实马来西亚的粤菜由中国传来以后，已经演变出了很多做法，包括加入很多新的元素，这其中包含了鲜、酸、甜、苦、辣各种味道。

庄臣：本来粤菜很清淡，但来到马来西亚味道就很丰富了。

王金华：对，粤菜最主要的特点是原汁原味，不过马来西亚人融合了当地元素，加入罗望子、辣椒等，有了更特别的煮法。

庄臣：特别是做鱼。

王金华：这是马来西亚最好吃的鱼。

庄臣：这么大的鱼，如果在其他地方，只有靠养才能有这么大，但在马来西亚就不一样了，只有马来西亚有这么好的河鱼。

王金华：对，你说得对，这个是最珍贵的深山野生鱼，也是马来西亚首屈一指的苏丹鱼。那个是红居罗，第三个是丁加兰鱼，这些都是马来西亚深山里的鱼，淡水鱼，而且得天独厚，在其他邻国都找不到。

庄臣：在马来西亚用来去腥的作料也很多，这些都是去腥的。

王金华：姜、辣椒。现在我郑重介绍一个去腥的方法：这个是沙茶酱，这个是水凝【图3】，放下去掺在一起蒸，什么鱼的腥味都没

【图3】用沙茶酱和水凝给鱼去腥。
【图4】半条鱼大约十五分钟蒸熟。

了。因为马来西亚的华人跟本地的种族融合后,他们就蒸酸、蒸辣、蒸甜都在一起,你嗅嗅看。

庄臣:因为它有辣味和油,也可以把鱼的腥味盖掉。

王金华:庄臣,我考你一下,你看这么大的鱼要蒸多久?

庄臣:如果这样开一半的话【图4】,大概是十五分钟左右吧!

王金华:太好了!庄臣,还没吃之前我先给你介绍,这位就是我们客家饭店的创办人张老太太,她见证了整个吉隆坡粤菜的历史和国家的发展。

粤剧：台上一分钟，台下十年功

胖袄、练功裙、靠身、腰带、披风、扎靠旗，穿戴齐全的戏曲演员葛锐娟，在三十度的高温下开始了她每天必修的功课。

著名粤剧表演艺术家欧凯明[1]是葛锐娟的师傅，严厉不苟的他每周都会向葛锐娟言传身教。

葛锐娟："誓保河山……"（唱）

欧凯明：控制住气，走！"誓保"那个（亮相）不要（亮得）这么厉害。如果你的亮相亮得太大、太过，她的身份（感）会轻。和动作连贯起来，再来。

葛锐娟："誓保河山……"（唱）

欧凯明：又来了！第一个起动不要这么快，等你顺了之后，第三个、第四个再加速，第一个先顺了后面的才快，你才能快得起来。又松下来啦！如果唱不好这句，今晚你不要睡觉了，再来一次。

葛锐娟："誓保河山……"（唱）

欧凯明：压住！很累了？如果练这么一点儿功就觉得累，你最好不要选择做戏曲演员，最好不要选择粤剧，这还没有给你绑沙包，没加重，你有没有听老师说过，台上一分钟，台下要十年练，这些道理我觉得很浅，我想你听过不下百八十次了，但真正做起来要有

---

[1] 师承粤剧表演艺术家红线女，表演独树一帜，是粤剧界文武生的佼佼者，获第十二届中国戏剧梅花奖。

个坚持，如果你不坚持，是没办法有好的结果的，好吗？我们再来一次。

葛锐娟："誓保河山……"（唱）

欧凯明：接下来，不要松。走啊，我叫你停了？脆点，不要把头甩得这么大，走，歇一会儿，歇吗？

葛锐娟：不歇了吧。

欧凯明：做什么？很累呀？做什么？做什么？很辛苦啊？不排了。哭什么哭？要不你就不要学戏了，你现在才知道辛苦啊？人家（台上）一分钟，台下要练十年，知不知道？再来一次！

葛锐娟："俺，张秀英，夫君慕容彦超，镇守这凤台关上，可叹他抱病在身，因此俺全身披挂，替夫巡城。"（唱）

台下十年功，台上一分钟，一年一度的戏曲汇报演出和选拔赛拉开了序幕，优胜者将组成代表团到海外巡演。

欧凯明：放松点儿，和平时一样，怎么练的，怎么教的，怎么学的，就怎么去做就行了，不用紧张。

故乡的音韵，是海外游子与家园的精神连接。漂洋过海闯荡的华商们同样也把粤剧文化带到了南洋诸国。趁这次到新加坡演出之际,葛锐娟走访了有"粤剧之家"美称的东安会馆[1]。

葛锐娟:我第一次到东安会馆来,不过很久之前就听老师说东安会馆有很长的历史。

刘先生:东安会馆已经成立一百多年了。

葛锐娟:一开始它是什么样子?

刘先生:一开始是为了照顾同乡,因为他们刚到新加坡的时候很苦,没有朋友,也找不到工作,连住宿也是问题,所以我们就组织起来招待他们,给他们住,如果没饭吃就大锅饭大家一起吃,等他们找到工作后就回馈这个组织,这个组织再来帮助别人,就这样继续下去。

你到这边可以看到我们的一点小历史,一开始这里没有东安会馆,是后来才慢慢成立的,为了同乡的兴趣,大家才搞了一个粤剧,现在也设立了一个音乐厅,教他们唱,这个在二三十年前就开始了。

葛锐娟:这里有我的老师们——倪桂英老师、红线女老师的照片。

刘先生:对,这几位前辈都是以前我们请过来表演的,我们在一起很熟。

---

1 创立于1870年,是新加坡历史悠久的华人宗乡社团之一,为祖籍广东东莞、宝安两地移民的地缘组织。

葛锐娟：这是带我来看你们学唱的地方。

刘先生：刘小姐是我们这边的主持。

葛锐娟：刘小姐你好！

刘小姐：你好！介绍一下，这是我们会馆最小的学生。我们东安会馆为了延续粤剧在新加坡的发展，开设了唱功班，从中国请来乐师教他们，她爸爸妈妈都是这边的学生，我们的唱功班不分年龄。

敦煌剧坊的创始人胡桂馨[1]一直坚守粤剧艺术的传承，并致力于推动粤剧文化的发展。

葛锐娟：我印象很深的是2013年年底，在广州看您主演的《武则天》长剧，您跟欧凯明先生的合作非常默契，台下的观众又是鼓掌又是口哨声，而且我还听说您在新加坡有一个称号，叫"新加坡的红线女"。

胡桂馨：不敢当，真的不敢当，我学的不是红派，也没有唱红线女的腔，可是大家都认为我在推动粤剧方面跟红线女一样，所以他们就说我是新加坡的红线女。我们敦煌剧坊去过很多地方，比如说欧洲、美国、日本等，外国的观众很热烈，我们谢幕的时候他们

---

[1] 粤剧名伶，1939年生于马来西亚槟城，她创办了新加坡敦煌剧坊，长期使用中英文字幕并编创英文粤剧，大大拓展了粤剧的受众群体。

一直在鼓掌,他们很喜欢我们的传统戏曲。

葛锐娟:听说你们还有英文粤剧?

胡桂馨:对,在新加坡英文粤剧是我们开创的,因为新加坡现在的年轻一代都讲英语,在家里就讲英语和普通话,地方的语言完全不懂,所以我们就用英文粤剧来推动粤剧,让这些年轻人来看,看得懂他们就会有兴趣。

南少林功夫：有志不在年高

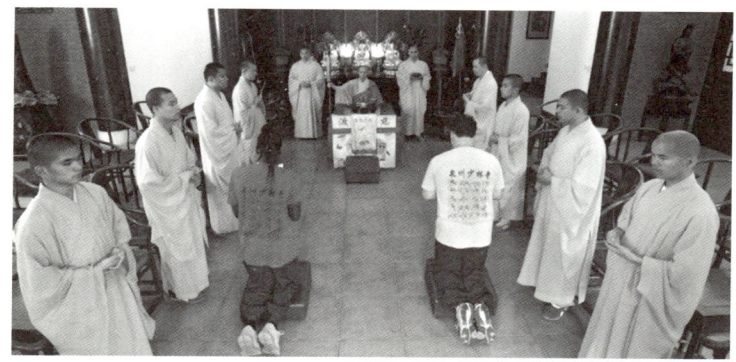

【图5】洋弟子乔夫瑞和蒂娜拜师泉州少林寺。

在泉州南少林寺,洋弟子乔夫瑞和蒂娜拜师的隆重仪式【图5】正在进行着。

> 往昔所造诸恶业,
> 皆由无始贪嗔痴。
> 从身语意之所身,
> 一切我今皆忏悔。

在福建泉州清源山麓的丛林深处,南少林的神奇光芒闪耀在时空之中,照亮了世界各地热爱武学的人们。相传南少林寺始建于唐朝乾符年间,甚至更远的南朝初年。虽然寺庙的建筑几经兴废,南少林武术却以师徒和家族的形式薪火相传了千百年。南少林与北少林自然有千丝万缕的渊源关系,但在历史的长河中,由于泉州临海,时受倭患侵扰,乡人纷纷练武御寇,历经演化的南派少林最终以其刚猛雄健、固守短打的独特风格迥异于北派拳术,从而形成适应海船上短兵相接的拳风,在中华武术中独树一帜。

南少林武术经历了岁月的嬗变,形成了包涵五祖拳、太祖拳、白鹤拳、梅花拳等在内的拳术系统,独特而博大精深,积淀为中华武学的珍贵遗产。明清以来,南少林的声名和其独具魅力的功夫,随海路传播到东南亚、台湾、香港、澳门和琉球等地,源远流长,不绝如缕,寻根溯源的海内外人士至今络绎不绝。

乔夫瑞来自英国,因为喜欢南少林武术,他选择了到泉州华侨大学当外教,蒂娜来自塞内加尔,同样是因为痴迷南少林功夫,她远涉重洋来中国留学。

在方丈常定的引领下,乔夫瑞和蒂娜已经隐约感悟到南少林拳法的精妙和深邃。

常定:你看我们这个五祖拳,主要是手臂很刚猛,很刚硬,你看你这个手,来,靠靠看。

乔夫瑞:是的,很疼。

常定:它的每个动作都是可以攻击的,有攻有防的就叫五祖拳,所以五祖拳在我们南派少林功夫里面,比较传统,实战性比较强,所以称为上乘拳法。这些都是我们的武僧,他们每天都在演练五祖拳【图6】,一招一式,一打一击,都很清楚。这个就是我们少林的罗汉拳【图7】,主要是以形为主,一招一式,是以十八罗汉的形象为动作来表现,你试试看。

掌握南少林拳法不仅要懂得技巧,更要有耐力,在寺院,乔夫瑞和蒂娜面临着一道又一道的挑战。

常定:这个是我们少林寺基本的体能锻炼【图8】,你们敢试一下吗?

乔夫瑞:我不知道。

蒂娜:我不行。

乔夫瑞:他们都非常年轻,但我现在开始确实太老了,对我来说现在最大的挑战是什么,我四十二岁了才开始学功夫。

常定:你的年龄跟我的一样,八十年代的《少林寺》那部电影你看过吗?

乔夫瑞:关于少林僧人的电影吗?看过。

常定:一个演员叫于承惠,这个人当时也是四十多岁才开始学习武术,他身弱多病,学完武术后他身体很好,还去参加全国武术

【图 6】五祖拳。
【图 7】罗汉拳。
【图 8】泉州少林寺的基本体能训练。

比赛，拿到了冠军，他开始学武术的时候年龄比你大，我相信你这个时候来练，将来可以拿到国际武术冠军。

乔夫瑞：太好了，谢谢！也许我可以试一下爬台阶。

泉州武林大会作为传统南少林武术的民间盛会，吸引了世界各地的南拳爱好者们前来共襄盛举，来自十五个国家的五百多名武林好手借此机会相互切磋，获益匪浅。

华语：润物细无声

郭再源[1]每个月都会来大爱村社区学校调研，了解学校的教学进展，尤其是中文学习的状况。

郭再源：今天在学什么？

老师：我教他们汉语拼音。

郭再源：现在大家都会讲华语了吧？

老师：谁，举手，《两只老虎》会吗？

学生：会。

老师：来，我们用开心的心情唱，一二三。

在印尼，华人善于经商，渐渐与原住民拉开了贫富差距。红溪河是雅加达著名的贫民窟之一，岸边居民的生活污水和垃圾将整条红溪河变成臭水沟。环境的恶性循环使当地的印尼原住民对生活感到绝望，尤其在社会遭遇政治或经济动荡时，常常容易被煽动起仇华情绪。

2002年3月，郭再源开始筹划一个大型的慈善项目。他带头捐资，募集巨款，用于建设大爱村，使几千户红溪河居民能够搬入干净整洁的公寓。

---

[1] 印尼华商中的佼佼者，祖籍福建漳州，是第二代印尼华人，试图通过慈善活动改善印尼华人与印尼原住民的关系。

【图9】杜蒂夫妇家。

解决了生存问题,紧随其后就是孩子的教育,郭再源夫妇常常会到大爱村进行家访,收养了十一个孩子的杜蒂夫妇家,是他俩最关注的一个家庭【图9】。

妻子:打个招呼,有个孩子出去了。

丈夫:还有孩子出去工作了。

妻子:还有一个去参加跑步活动了。

郭再源:乌米已经完成学业了吗?

妻子:完成了。

郭再源:现在干什么呢?

妻子：她在这里教书。

郭再源：你们搬到这里几年了？

妻子：已经十三年了，之前我们住在很脏的地方，我们也不想住在污水河边，但是我们无能为力。后来慈济基金会帮我们搬到了红溪河河口村，以前孩子们小的时候丈夫经常生病，曾生过三场大病。

郭再源：现在很健康了吧？

妻子：对，来这儿之后身体就变好了。

丈夫：现在经常锻炼。

郭再源：在这里锻炼啊？

丈夫：骑自行车，散步。

郭再源：他们（左侧两个孩子）上学了吗？

妻子：上学了，她是初中二年级，他是小学五年级。

郭再源：你会讲中文吗，乌米？在这里学习跟以前有什么不一样吗？

乌米：不一样。

郭再源：在这里学习三种语言是吗，还有中文？

乌米：是的，我开始不知道怎么说中文，在学校学了六年后，我会说一点中文了，"你好吗""早安""谢谢老师"像这些，会说一点，"我的名字是乌米"就像这样，像这些，会说一点。

妻子：我真的非常感激，我的孩子已经成功了，也能看到孩子的未来，教育很重要，财富不是永恒的，也没有意义，最重要的是孩子的未来靠的是教育。

郭再源：所以有这样的大环境，你们找一份好工作会有很大的优势。

妻子：希望你们更加成功，继续发展，希望变得更好。

郭再源：现在是学习的时候，好好学习，很明显，有越来越多的中国企业家来到这里，带来了许多投资，如果会中文可以从事贸易，有更多机会。

郭再源有一个五年计划，在解决了原住民的生活问题后，他要让每一个家庭的孩子接受文化教育，孩子们长大后有一技之长，同时接受多元文化，消除不同族群间的矛盾，因此他常常在学校的课堂上鼓励学生们加强中文学习。

学生：师公早安！

郭再源：学生们早安！是不是在学习对话？

老师：嗯，是，我们有一段对话。

郭再源：是这样啊，这是会话的内容是不是？

学生：是。

郭再源：这一句会不会？

老师：会了吗？

郭再源：会了？会的站起来一起来好不好？你先来，你站起来，好不好？

老师：大声一点。

郭再源：今天几号？

学生：今天是一月三十一号。

郭再源：今天星期四吗？

学生：今天不是星期四，昨天才是星期四。

郭再源：你的生日是几月几号？

学生：三月十七号，你呢？

郭再源：五月九号，谢谢！

郭再源：汉字有五千年的历史，大家学会了这个东西，对你们以后在社会上工作，自己的人生方向和发展会有很大作用。因为现在的贸易，中国已经发展得很快，全世界的贸易用中文的比较多，新加坡、中国香港也都在用中文，世界在转变，所以大家回去要真正学好中文，不只是看，要懂，会读也会写，好不好？

华夏文脉，不绝如缕。随着海路的延伸与贸易往来，越来越多的其他文化圈的人开始关注中国文化，在马来西亚汉文化中心，政府官员们正在学习中文。

跟流行中国的"华尔街英语"一样，美国纽约的"华尔街中文"同样是以商务会话为主要教学内容。

迢迢海路上绵延不断的非物质文化的那一缕人文乐音，看上去好像都是闲笔，跟家国大事无关紧要。但润物细无声，恰恰是文明传播极重要的成分，粤菜、粤剧、南少林功夫、华语乃至中国传统的道教文化，儒家的仁义伦理观等构筑起一条文化和精神层面上的"海上丝路"。

从今天的汤姆·潘恩、张帆、丁宗寅的生命轨迹中，我们仿佛看见了约翰·科比、伍秉鉴、赛典赤·瞻思丁等故人的身影，也看见中国与世界各国一轮又一轮的合作，海上丝绸之路如一条纽带凝结着历史与今天、中国与世界，文明的流转、时空的轮回。

第八章

轮回

汤姆·潘恩是一位著名的园林景观设计师，从中国古典园林建筑的语汇中，他仿佛找到了与先祖对话的方式，冥冥之中一段先祖与中国的前世机缘将被揭示。

与先祖隔空对话

生活在美国波士顿的汤姆·潘恩是一位园林景观设计师，拥有四十多年设计经验，近年来他把设计重心转向了中国。

助手：用这一边的原因是想建造船舶，以此来建造海上丝绸之路博物馆公园。在一些细节的设计处理上还是会用木头【图1】，这样也能体现中国的造船历史。我们建议减少道路的宽度，是为了更好地体现这是行人公园，看会产生什么效果吧。

汤姆·潘恩：这在中国很多城市都是一个问题，道路成了分界线，不方便人们穿过到达公共区域，这对他们的生活很重要。

在位于波士顿东北部的海边小镇塞莱姆的皮博迪博物馆里，珍藏着许多世界航海贸易史上的奇珍异宝。汤姆·潘恩来到这里，开始找寻与祖先相关的历史文物。

讲解员：亚洲出口历史藏品系列最宝贵的展品之一，就是这套精美的手工绘制的中国墙纸。这是十八张墙纸中的五张，来自苏格兰的一个城堡。

汤姆·潘恩：苏格兰？

讲解员：是的。

讲解员：非常精美，我看到很多欧洲国家的国旗。

【图 1】汤姆·潘恩关于建造海上丝绸之路博物馆公园的规划图。
【图 2】中国墙纸。

讲解员：是的。

汤姆·潘恩：这儿有一些欧洲人【图2】，很明显，穿着亮色衣服，和别人不一样。

讲解员：其独特之处在于，展现了广州水边的风景，我们能看到广州十三行[1]，这里是西方商人的贸易中心。他们的工厂和居住地都在这里。在这里能看到船只还有商人，那边有西方商人。当时最著名的中国商人，当然是伍秉鉴[2]。

汤姆·潘恩：是的，伍秉鉴，我想他当时是世界首富。

讲解员：我们这里刚好有他的画像【图3】。

汤姆·潘恩的曾祖父约翰·科比曾作为美国"曼德林号"的押船员，在1809年来到广州寻找商机，家族史中这特殊的一页让汤姆对二百多年前那段中美通商的历史产生了浓厚的兴趣。

在独立战争赢得胜利之后，刚刚摆脱英国统治的年轻的美国面临经济上的困境，于是他们把目光投向了中国。1784年2月22日，"中国皇后号"满载着人参、皮革、毛衣、胡椒、棉花等货物由纽约

---

[1] 鸦片战争前，外国人必须通过经政府特许从事对外贸易的行商进行交易，当时政府规定，将经营国内沿海贸易的"金丝行"与从事进出口贸易的"洋货行"分开，税收区别对待，"洋货行"专营对外贸易，简称"洋行"，习惯上又称"十三行"。广州十三行始设于1686年。
[2] 1801年伍秉鉴接手家族事业后很快成为广州行商带头人，他凭借超前的经营理念与欧美各国的重要客户建立了密切联系，不但在国内拥有房产、地产、茶园、店铺等，还在美国投资铁路、证券、保险等，是英国东印度公司最大的债权人，在西方商界享有极高的知名度。

【图3】伍秉鉴画像。

港出发,经过六个月的航行,"中国皇后号"抵达了广州的黄埔港。

1785年5月11日,"中国皇后号"带着整船的中国特产返回美国。历时一年零两个月的此次航行,成为中美之间第一次真正的接触,中美贸易之门由此开启。

中美之间的航路打通之后,美国商人纷纷从海路前往中国淘金,其中就有蜚声国际的福布斯家族的奠基人——约翰·默里·福布斯。而成就这位美国商业大亨的便是当时的世界首富伍秉鉴,伍秉鉴曾为约翰·默里·福布斯提供了贸易上的第一桶金。先祖的这段历史从此成为福布斯家族的一段佳话,汤姆·潘恩与表兄罗伯特·福布斯至今感慨万分。

罗伯特·福布斯:我小时候经常过来看这幅画,你看他戴着一顶帽子,帽子上有一个珊瑚别针【图4】,这象征着他在中国属于最高阶层。你可以看到,下面玻璃盒里的金属托上的就是那个珊瑚别针【图5】。

汤姆·潘恩:就是画像上的那个?

罗伯特·福布斯:是的。在他最后一次离开中国的时候,伍秉鉴把这个给了我曾曾祖父。

汤姆·潘恩:太好了,这一定是传家宝。

罗伯特·福布斯:我们家族流传下来不少故事,我们跟伍秉鉴

 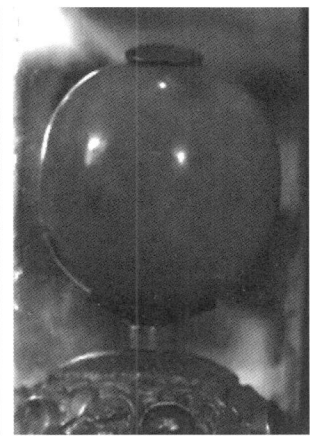

【图4】【图5】伍秉鉴帽子上的珊瑚别针。

有很深的渊源。他庇护着我的曾曾祖父和他的弟弟,并促成了他们的成功。伍秉鉴是汉族商人里最成功的,作为世界首富,他为美国投资了一百万美元。

汤姆·潘恩:投资的钱用在哪儿了?

罗伯特·福布斯:一部分用在了一些产业上,但主要是铁路。

汤姆·潘恩:太神奇了,中国人第一次接触铁路是在投资美国的铁路。

罗伯特·福布斯:的确是这样。

汤姆·潘恩:这是我很想了解清楚的。我曾祖父和约翰·默里·福布斯有来往,所以我知道他成为一名铁路资本家,修建了密歇根中央站到芝加哥地区和昆西的铁路,这是最好的铁路之一,全都是来源于中国的投资。这个年轻的国家在成立早期,通过一位船长得到了世界上最古老国家的帮助,是的,来自中国。

二百多年前的世界首富伍秉鉴,在美国投资兴建了横贯美国东西的重要铁路干线,二百年后的今天,中美两国之间又开始不断推动铁路项目上的合作,历史的脚步在一次次的轮回中前行。

穿行在中美航路上的,除了贸易上的淘金者们,还有很多痴迷于东方的文化寻宝者,汤姆·潘恩的另一个表兄约翰·甘森至今还保存着先祖海伦·潘恩·汀葆当年在中国拍摄的胶片影像。

汤姆·潘恩:我已经期待很久了。

约翰·甘森:是啊,四十年了。

汤姆·潘恩:终于能看见了。

约翰·甘森:可能都有五十年了,汤姆,来看看保险箱里的东西。

汤姆·潘恩:我等不及了,期待很久了。

约翰·甘森:一共两千个,放在八乘十的盒子里,保存在玻璃中。

汤姆·潘恩：这些都是姑祖母海伦的吗？

约翰·甘森：对，这些都是她的。

汤姆·潘恩：来自中国，亚洲？

约翰·甘森：对，全部都是。看看这张，你要离得近一点。

汤姆·潘恩：他们很友好，在一艘船上，这可能是上海，也可能是香港、广州，她还在上面加了颜色，很有意思。

汤姆·潘恩：看这个，这是国父。孙中山脱下帽子，向这边的外国人，还有那边的中国人致敬，但他是向这边致敬的。这张照片包含了很多细节，也展现了当时上海的风貌。

也许穿越时空阻隔听闻到祖先的召唤，汤姆从20世纪70年代末就开始关注中国，之后常常往返于中美之间，用自己的建筑语汇隔着时间与祖先对话。

汤姆·潘恩：为什么有很多灯笼挂在树中间，这有什么意味？

向导：有可能是中秋节挂上去忘记摘下来了，慢慢就变成一种传统了。

本是出于好奇追寻祖先在中国的足迹，汤姆却因此走进了曲径通幽的巨大的中国文化园林，凭着对中国历史愈来愈浓厚的兴趣，汤姆常常会独自到中国做一些深度调研。而这些研究直接渗透到他与中国合作的设计项目中。

向导：这（广场舞）有点像跳舞，慢动作的舞，人们很喜欢这样，因为它让人感觉年轻，我妈妈说它让人感觉很年轻。

汤姆·潘恩：在中国的公园里，特别是早晨或黄昏时常常看到的情景（广场舞），我在想为什么在美国的公园里看不到。我能做的就是设计这样的场景，中国是我所见过的能最好利用公园的地方。

沙面岛[1]是广州城市版图上一个特殊的区域，二百多年前，这里曾是外国领事馆和十三行行商的聚集地，这个荟萃着中西方不同风格的古老建筑群，见证了二百多年来海上丝绸之路上众多中外商船往来的历史，其中就有关于汤姆·潘恩祖先的故事，在印刻着先祖足迹的沙面岛上，汤姆·潘恩遇到了黄颖聪。

黄颖聪：大概一百五十年前，这里有著名的广州十三行。
汤姆·潘恩：你是在这儿长大的吗？
黄颖聪：对，我在这儿长大。

---

[1] 位于广州市区西面珠江白鹅潭畔，鸦片战争后曾长期被英法等列强占为租界，因此这里的建筑带有明显的欧美风格。

汤姆·潘恩：你很了解这里的历史吗？

黄颖聪：是的，是逐步了解的。我在这个城市里出生、学习，也在这里工作，我非常感恩。这条江沿岸有许多小港口，这里有一个三角洲，是河道的最宽处，所以大小商船从广东北部来，就从这里出海。

坐落在沙面岛上的广州白天鹅酒店，正在进行重新改造。露台的景观设计不仅要与周围的历史文化景观相呼应，还要彰显自己的个性。为此董事长黄颖聪邀请汤姆来完成这一视觉表达，对于沙面的情怀，对于中式景观设计的钟爱，带给汤姆无限的灵感。

黄颖聪：这里能让人心情愉悦。

汤姆·潘恩：对，这里非常开阔，我喜欢这里的视野。

黄颖聪：这是一个非常有广东特色的饭店【图6】，不知道你想怎么处理那个屋顶？

汤姆·潘恩：我在想能否做一面绿植墙，连接低处的花园和屋顶花园。如果我们做一面绿植墙，用植物代替这些白色的立面，把这个花园和屋顶花园连接在一起，将它作为设计元素来连接两层花园，垂直地。

【图6】广州白天鹅酒店。

广州荔湾涌的改造,既要保留传统的历史文化,又要体现当下的空间概念,一直在思考相关课题的汤姆·潘恩受邀参与到这项工程的设计中。

向导:实际上我们这个河涌历史渊源非常深厚。从唐朝开始,已经是广州市非常有名的旅游胜地,到明朝的时候,成了"羊城八景"之一,叫作"荔湾渔唱"。这一大片就是当年十三行行商首脑潘仕成的私家园林,叫作"海山仙馆",号称我们整个岭南园林之冠。我们知道,洋人那个时候到广州来是不允许进城的,当时对这些洋人最大的奖赏就是邀请他们到行商的园林中做客。他们参观之后,回去写的回忆录都有记载,说它的辉煌程度可以跟皇宫媲美。2009年我们把这条河沿线的这些临时商铺拆了,让自然的景观和我们的历史文化街区融合在一起。我们也开玩笑说,这整个一条荔湾涌,实际上就是我们广州的一条龙脉。

汤姆·潘恩:我的书《有心的城市》中有相同的观点,我们说的是心灵,是在城市中流动的生命脉流,这跟你说的龙脉是一样的概念。

在汤姆看来城市是有灵性的,城市的灵性来自人与城市之间的心灵互动,在广州这座曾留下祖先足迹的城市,汤姆用自己的设计实践印证了那种灵性的存在,他把这种奇妙的体验写进了《有心的城市》这本书中。

汤姆·潘恩:我十岁时在水塘和草地里玩石头,想着我将来会成为一个景观设计师,设计花园和公园。我总是和天然的东西在一起,像石头、植物。当你设计了一个漂亮的花园,人们说,哦,你留住了自然,这就证明你是一个成功的设计师。所以我说,没有任何一个伟大的城市缺少心。

2015年11月美国费城的海事博物馆迎来了一位特殊的访客——贝茜·泰纳黑尔。

"中国皇后号"船长约翰·格林是贝茜的曾祖父，触摸着这些旧物，贝茜似乎回到了二百三十多年前行驶在海路上的这艘商船上，她翻开曾祖父的日记【图7】试图追寻当年的蛛丝马迹。

　　贝茜："她（'中国皇后号'）从纽约起航，那是2月22号，到了23号十五英里内看不到桑迪岬"我想这是说离桑迪岬很远。
　　克里格·布伦斯：对，是说纽约港口。
　　贝茜："起航后，天空迅速刮起一股冷冽的西风，毫无疑问，她快速地驶向了东方。"

贝茜也时常和家人讲起自己的这位曾祖父。

　　贝茜：我的第四代曾祖父，他也是你的第五代曾祖父，你的第六代曾祖父——约翰·格林船长，担任"中国皇后号"船长。这是第一艘插着美国国旗驶向中国、与中国进行贸易的船只，这也是中国人第一次遇到美国人。
　　杰西卡（贝茜孙女）：格林船长是怎么跟中国人交流的呢？
　　贝茜：这个问题很好，他们肯定有翻译。
　　鲍勃（贝茜丈夫）：中国人涉外贸易很活跃，和西班牙、菲律宾、英国都有商业往来，就像你爸爸说的，随着外客的到来，他们肯定

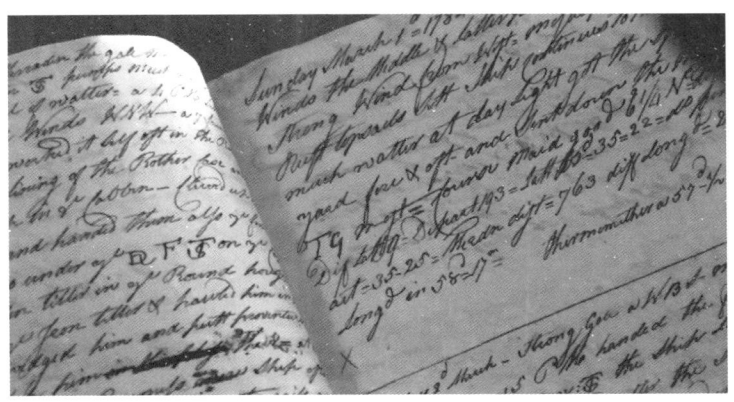

【图7】约翰·格林的日记。

有能说各种外语的人才。

余心路（贝茜中国儿媳）：我很好奇，要是约翰·格林知道自己的第六代重孙有一半中国血统，会怎么想？

贝茜：是啊，我想这就是轮回吧。

带着无限的崇敬和怀念，贝茜满怀深情地给曾祖父格林写了一封信。

亲爱的曾祖父格林：

我希望能见到您，但是，我已经在心里与您相见。自从您初次引领"中国皇后号"驶向中国后,又发生了太多事情,于你,这不过是职责所在,而你和你的船员、你的资助人,开拓了两个绵延至今的伟大国家之间商贸往来的历史。

我很自豪地告诉你,作为你的第四代重孙女,我有了两个孙子,他们身体里都流淌着一半中国的血液,用特殊的纽带连接着这两个伟大的国家。我会让我的孙子铭记你,铭记你的故事。

向你致以超越时间的爱。

贝茜·泰纳黑尔　书

重启中美贸易的轮回

张帆
汽车造型设计师

作为汽车造型设计师的张帆,对汽车情有独钟,即使是与家人、孩子在一起,也绕不开汽车这个话题。

张帆:这些是什么车呀?

儿子:这些是魔鬼车。

张帆:来吧,咱们都把车都摆到停车场。

儿子:这个是修车站。

张帆:哦,那个是修车站,那我们把绿色的车放在这儿?

儿子:那个车在停车站里了。

妻子:从这里滑下来,你看看爸爸画的。

儿子:你还会画车呀?

张帆:我还会画车呢。

张帆的先祖是清末时期广州十三行的商人,对自己家族历史的强烈好奇心,驱使他经常与广州十三行行商领头人伍秉鉴的第七代后人——伍凌立一起分享先祖们的财富传奇。

黄文仕:这里有一个你们伍家前辈的画像,另外这里有一幅1840年英国绘制的铜版画图——广州图,十三行的位置在这里,这个是沙面,就是后来的沙面,当时还是空的。

张帆：看那个"洩吐呵咐啲（茶子）"【图8】，这个就是用广东话来注音。

黄文仕：当时广东商人跟外国人怎么做生意呢？这里有一本手册，是中英文，还有粤语的对照【图9】。这是一本四书五经的中英文对照【图10】，在经济交流过程中也有文化的交流了。

汽车造型设计师张帆，从清华大学美术学院工业设计专业毕业，之后被德国戴姆勒汽车公司梅赛德斯—奔驰设计中心录用，在奔驰汽车设计一线工作了八年，回国后他加入了广汽集团汽车工程研究院，带领团队投身于自主品牌量产车与概念车的造型设计工作。

张帆（广汽集团汽车工程研究院副院长）：从整个车的比例来说，我希望它有比较大的轮毂，比较高的离地间隙，有一个很好的姿态，就像一只猛兽，这种感觉。我们通过研究发现，年轻人市场最具潜力，只有抓住年轻人才能抓住未来。所以我们这款车一定要以年轻人——二十五岁到三十岁的年龄区间——作为我们的主攻对象。

同事：这两个是矛盾的，我们要设计高品质的车，定位比较高的车，但这和年轻人的收入之间是有矛盾的，怎么解决这些问题？

张帆：我们可以在工艺和材料的使用上尽量地节省，但是在外观所呈现出来的整体品质上还是能做到很高，可以代入一些新鲜的

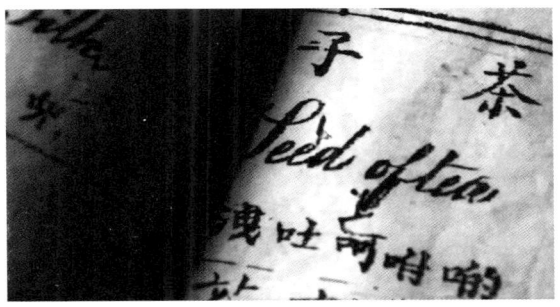

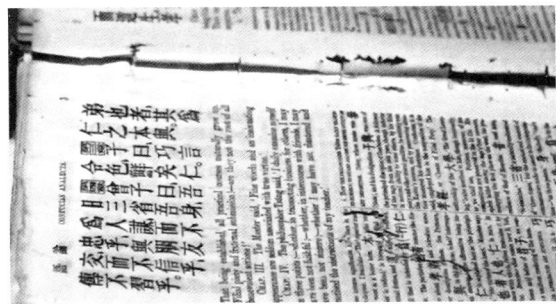

【图8】用粤语为英文注音。
【图9】广州商人与外国人做生意时用的中英粤对照的书。
【图10】中英文对照的四书五经。

设计元素,标志性的一些设计亮点,让他们能够记得住。

仿佛是祖先与美国商人生意往来的一次轮回,张帆一直在为自己主导设计的量产车打开美国市场而倾尽全力。

张帆:这个消音器的位置好像有点太低。

马尔科·吉拉尔迪(广汽研究院首席专业总师):这里的消音器的底座是有问题的,我觉得在这里可以增加七毫米。关于这里的剪切【图11】,我想了解这是否是一种有效的空气动力学设计?

张帆:我明白你的意图,但是如果我们去掉它就会失去这种印象,这种三维的概念是为年轻人设计的,它是有活力有个性的。

2013年1月,张帆团队设计的概念车参与了好莱坞电影《变形金刚4》的拍摄。造型炫酷的A级新能源概念车的出演大获成功,制片人马克酝酿着与张帆的再一次合作。

张帆:盖尼斯先生,我们上次合作是两年前了,我想我们上次在电影《变形金刚4》里的合作很成功。

马克·盖尼斯(《变形金刚4》联合出品人):我们最近在拍一部新电影,叫《极品飞车》,2016年开拍,很快,只剩几个月了。

【图11】张帆与首席专业总师探讨车型设计。

张帆：你的下一部电影是你刚提到的那部？

马克·盖尼斯：希望它是我们的电影！

张帆：希望如此，我们还得为此努力。想想看，中国车奔跑在迈阿密街头，不错的场景。

在经历了概念车的成功实验之后，张帆与团队把目光投向了美国的汽车市场。

杜克·黑尔（美国黑尔汽车公司首席执行官）：我在底特律见过

这款车，我还在《变形金刚4》里面见过你们生产的车，所以你们的品牌已经在美国市场引起了注意。这款车看起来很有风格，很国际化，它不仅是针对中国消费者的，还有针对国际市场的卖点。我们在J.D.Power[1]的报告里看到，广汽汽车取得了很好的成绩，现在排名第八，非常好。我认为，对于中国品牌来说，要想打入美国市场，有比较好甚至非常好的产品质量是很大的优势，尤其在J.D.Power这种在美国很权威的测评里。

张帆：我们很有信心把它带到国际市场。

---

1 美国McGraw Hill Financial集团旗下品牌，提供客户满意度、绩效改善等方面的洞察和解决方案，是全球最专业最权威的市场调研公司之一，在汽车用户满意指数方面在全球工商界获得较高认同，在全球和中国国内汽车行业的调查和研究实力首屈一指。

阿拉伯后裔再与阿拉伯人做生意

每逢有阿拉伯客户来泉州,丁宗寅(斯兰集团董事长)都会陪同客人去拜谒清净寺[1],这座中国古老的清真寺,成为丁宗寅与阿拉伯客商之间共同的精神空间。

穆罕默德:这是我见过的最古老的清真寺之一。

在泉州晋江的陈埭镇,每年春季,丁宗寅都会带领全家到丁氏祠堂祭拜祖先。

丁宗寅:丁鸿笙,这就是我们的陈埭丁氏祠堂【图12】。这就是南音[2],很有名。

一千多年前,泉州港与广州港并驾齐驱,作为国际大港迎送来自世界各地的商船,许多阿拉伯商人还因为等待季风等原因而长期留在泉州居住。丁宗寅的祖先赛典赤·瞻思丁就是留下来的阿拉伯客商之一,到丁宗寅这一代已经是第二十二代了。也许是来自血脉

---

[1] 宋元时期朝廷对外来宗教采取包容政策,在中国的东南沿海居住着大量阿拉伯人,伊斯兰教在这里也最为流行,1009年伊斯兰教信众在泉州涂门街建立了"清净寺",1310年耶路撒冷人阿哈玛特对其进行了重修,一直保存至今。该寺庙具有浓郁的阿拉伯风格,细部又保留了中国传统风格,是一座两种风格相结合的伊斯兰寺院。

[2] 中国现存最古老的乐种之一。

【图12】陈埭丁氏祠堂匾额。

的商业基因使然,丁宗寅从小就立志要搏击商海。

丁宗寅:我们的祖先就从是波斯湾,一路历经千辛万苦往这边走,经马六甲海峡,一直到了泉州的刺桐港。

丁鸿笙:爸爸,我们都姓丁,但这些名字都是阿拉伯的姓,为什么我们会姓丁呢?

丁宗寅:当时我们的祖先为了更好地融入中国,所以瞻思丁他就用最后一个字"丁"为姓,这样比较容易让人记住。

作为阿拉伯后裔的丁宗寅,人生收获的第一桶金便来自先祖的故乡,当年与中东沙特公司的合作,算是真正开启了他的对外贸易生涯。

良好的开端让丁宗寅自此与中东商人缘分不断,他们一起追念祖先，在经商理念和文化认同方面获得了更多的交流与沟通。

丁宗寅：我们那时候也不懂做什么，看到家乡没有灯、没有电，就去买从石油中提取出来的蜡（石蜡）来做蜡烛。后来我们才知道石油主要是从中东运来的，因为石油的产地主要是中东。

穆罕默德：这是您骨子里的东西，七百多年前您的家族就是做贸易的，您的曾曾曾祖父——到这来的阿拉伯人，他们就是商人，您的血液里有商人的基因。我未来的计划之一，就是要送一些实习生或年轻商人到中国来拜访您。我们的人必须到这儿来住一段时间，来了解中国人是什么样的，中国文化是什么样的，中国人是怎样思考的，中国人需要什么。我们只有了解彼此，未来才能更好地相处。

从 2007 年开始，丁宗寅一有时间就会和太太一起看望一位白血病患者吴亚卿，吴亚卿的丈夫是斯兰集团下属物流公司的经理，起初丁宗寅得知吴亚卿得了白血病，只是出于对部下的关心，但当得知吴亚卿是因为长期接触工业污染物而得病时，丁宗寅的心情变得非常沉重。

吴亚卿的丈夫：她有点儿想不开，那时候小孩也才四五岁，她整个人都崩溃了，除了认识我，其他人都不认识了。

吴亚卿：病这么严重，整个人都崩溃了，生活没有那么多钱，孩子又这么小，舍不得放下。

丁宗寅：当时听到这个事情后，我一直在考虑这个问题。一方面当然是帮助你们解决这个问题；另一方面我一直在想，其实整个晋江、陈埭都是做鞋的，必须要解决整体的环保问题。

泉州晋江的五里湖山湖相映，但被规划为推平山头开发地产。丁宗寅闻讯抢先收购了这片土地，永久保留原来的植被与地貌，五里湖现在已是远近闻名的生态园，这里每年都会举行植树活动。丁宗寅希望借此拉动可持续发展的生态产品的开发。

受穆罕穆德的邀请，丁宗寅的儿女丁鸿笙、丁光琳开始了寻根之旅。

从公元7世纪开始，阿拉伯商人便扬帆东行来到中国东南沿海，运来珠宝、药物以及沉香、胡椒等香料，然后将中国的陶瓷、丝绸、茶叶运回国，而中国商船则远航到阿拉伯，与当地商人进行贸易，频繁往来的商船和络绎不绝的商人们，在这条被称为"香料之路"的海洋交通要道上勾勒出一幅壮美的海路贸易画卷。

丁氏姐弟二人带着传统的中国礼物，来到穆罕默德在迪拜的家中。

丁鸿笙：谢谢您邀请我们到您家来。

穆罕默德：不用客气，这是阿拉伯咖啡。

丁鸿笙：咖啡，谢谢！

从阿拉伯的传统礼仪、着装到饮食，穆罕默德向他们娓娓道来。

穆罕默德：我们有时候这么戴头巾，有时候用别的方式戴。我们过去很穷，没什么东西，头巾可以帮助我们。等一下，现在你戴上它感觉很自然【图13】，很好。

马哈拉（穆罕默德的女儿），你喜欢和他们在一起吗？我觉得你们长得很像【图14】。

丁光琳：像吗？

穆罕默德：你们之间比较亲近。

阿拉伯人拥有古老悠久的商业传统，生意经当然是穆罕默德文化分享过程中必不可少的核心内容。

丁鸿笙：我爸一直希望我做个商人，他说阿拉伯人很善于经商。这是因为这里沙漠的环境，还是因为人们的思维方式，你能跟我讲讲你们经商的秘诀吗？

穆罕默德：我们从沙漠中学到了秘密，沙漠尊敬诚实的人。从

【图13】戴上阿拉伯头巾体验先祖的生活方式。
【图14】丁光琳与穆罕默德的女儿。

沙漠中我们学到，不要自私，要帮助他人。先付出，再索取。在做生意的时候，人们需要团结，需要诚实，需要讲信用，这就是从商的秘诀之一。

丁鸿笙：这就像阿拉伯人和骆驼的关系，我们给它们水和食物，它们也会照顾我们，驮我们上路。

穆罕默德：就是这样。

从《米胶协定》到普特拉姆电站

为了中国与斯里兰卡最大的合作项目——普特拉姆发电站的建设，王路东已在斯里兰卡度过了第十个年头，其间，他经常到附近的寺庙义务帮助他们排忧解难。

王路东：怎么实施？

寺庙负责人：等建筑材料和军方支援的人力确定后，我可以安排去总统府邸和总理府邸，到那儿后你把你们的想法阐述一下再商谈。

20 世纪 50 年代，中国和斯里兰卡签署了以橡胶换大米的贸易协议，史称《米胶协定》，开国之初的新中国与刚挣脱殖民统治的斯里兰卡因一纸《米胶协定》，共同摆脱了物资匮乏的局面，两国人民也结下了深厚的友谊。

《米胶协定》的签署者是斯里兰卡独立后的第二任总理森纳那亚克。六十年之后，应森纳那亚克的儿媳和孙子的邀请，王路东夫妇来到这个在斯里兰卡享有盛誉的家庭做客。

查图克·森纳那亚克（孙子）：这就是我的祖父。

王路东：哦，也是前任总理。

查图克·森纳那亚克：是的，斯里兰卡前任总理。

王路东：这就是那著名的拐杖，但是我不知道具体是哪一个。

查图克·森纳那亚克：是这个。这对每个从中国来的人来说都是特别的。

王路东：这个很有名。

查图克·森纳那亚克：这是周恩来总理给的，我听说上面的字是长寿之意【图15】。

王路东：是的，我能看到"寿"字。

苏拉妮·森纳那亚克（儿媳）：这是在1952年签完《米胶协定》之后。

查图克·森纳那亚克：1952年，我祖父去的时候自己带了一根拐杖，但是有一天突然发现他的拐杖不见了，他找到了大使希望能帮他找到，但是没有。后来就找到了中方的工作人员，希望能帮忙找回拐杖。当他们都出去寻找拐杖的时候，我祖父回到房间看到另一根拐杖，也就是这根。

王路东：一根新的吗？

查图克·森纳那亚克：一根新的，上面写着周恩来总理的礼物。

苏拉妮·森纳那亚克：这是斯里兰卡与中国历史的见证。

查图克·森纳那亚克：这是那张著名的照片【图16】，签字仪式。这是我的祖父，你认出周恩来总理了吗？那个时候对两国而言都是非常艰难的时期，中国百废待兴，我们也遭遇了很多困难，所以我们选择与中国合作。

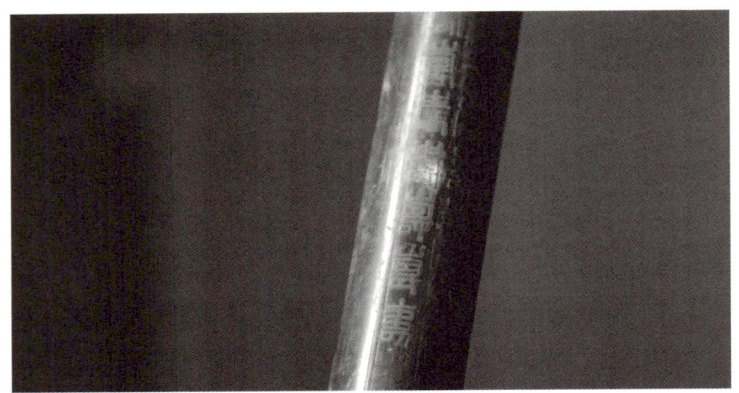

【图15】周恩来总理送给斯里兰卡总理的带有"长寿"字样的拐杖。
【图16】1952年中国与斯里兰卡《米胶协定》签字仪式。

森纳那亚克的家人用丰盛的斯里兰卡传统美食热情款待了王路东夫妇。

苏拉妮·森纳那亚克：请尝尝这个。

王路东：恩，这是斯里兰卡非常传统的食物。我们的工作人员现在已经习惯吃这里的食物了，但刚开始的时候并不是这样的，这是完全不同的食物，甚至我自己都……我记得第一次来这里的时候，刚刚走出机场，你知道机场周围有很多士兵，沿着路边有很多全副武装的士兵，我还是在午夜之后到的，周边漆黑一片，没有灯，这让我有点儿吃惊。

苏拉妮·森纳那亚克：你提到的这情况是什么时候？

王路东：大概在 2006 年吧，内战期间，我就自己问自己，我为什么要来这个地方？

查图克·森纳那亚克：如果你要给自己一个答案的话，你为什么选择过来？

王路东：我想这是值得的，每当有人来拜访的时候，我们会向他介绍这个（钞票上印的是普特拉姆电站）【图17】，我们很荣幸参与了这个项目。

查图克·森纳那亚克：这显示了你们的项目对我们国家是多么重要。

【图17】斯里兰卡钞票上印的普特拉姆电站。

斯里兰卡地处南亚,年平均气温高达三十三摄氏度。由于当地技术落后,经济发展缓慢,持续二十年的内战又使这个国家的经济濒临崩溃的边缘。2006年,王路东作为第一批专家被派驻到尚处于战乱之中的斯里兰卡,负责创建普特拉姆电站。在发电站建设初期,王路东和他的团队常常遭遇空袭、爆炸、抢劫等威胁,但重要的是普特拉姆电站为当地人民的生活提供了有力的能源保障。

从《米胶协定》到普特拉姆电站,中国与斯里兰卡两个邻邦之间,又经历了一场贸易的轮回。

在王路东和他的团队的努力下,过去的十年中,普特拉姆发电站总装机容量为九十万千瓦,为斯里兰卡(整个国家)提供了百分之五十的发电量,曾与王路东并肩作战的萨拉姆谈起往事至今记忆犹新。

  萨拉姆(普特拉姆电站站长):这些设备都很多年了,你能想象吗,当时这里还是一片荒地。
  王路东:是的,当时我们还睡集装箱。
  萨拉姆:事实上住在这里的人们都很穷,没有土地,一无所有。他们很希望我们来修建工厂,这样他们才有土地和居住设施。我们在这个项目中也提供了这些设施,有了这样的发展,人们就不用付高昂的电费了。

  斯里兰卡是南亚最重要的佛教国家之一,米辛塔里寺是斯里兰卡最古老的佛教寺庙,至今有两千年的历史,多年来,王路东和他的团队一直在义务帮助古寺庙发电。

  王路东:改方案了,你们今天很忙吗?
  僧人:不忙。
  王路东:我把我们的工作人员带过来进行例行检查,如果有问题随时联系我们。

从今天的汤姆·潘恩、张帆、丁宗寅的生命轨迹中，我们仿佛看见了约翰·科比、伍秉鉴、赛典赤·瞻思丁等故人的身影，也看见中国与世界各国一轮又一轮的合作，海上丝绸之路如一条纽带凝结着历史与今天、中国与世界，文明的流转、时空的轮回。

海路迢迢，人来人往，融合与共存、传承与创新、一代又一代、一轮又一轮，穿越岁月的波涛，海上丝绸之路的轮回再次展开文明复兴的新画卷，让世界拭目以待。

附录一 运用现在时空讲述历史故事

有关历史题材的纪录片常见的表现手法有：真实再现，绘画动画，考古取证，口述历史以及影像资料或照片。其中，口述历史、影像资料或照片，只能用来叙述不超过百年的历史故事，超过百年的，大部分都会采用真实再现或考古取证的手法。在《穿越海上丝绸之路》这部纪录片里，我设定了一种表述方式：带着历史，讲述正在发生的故事。这部纪录片历史部分的内容平均占每集的五分之一，大部分历史故事都超过了百年，除了用文物取证外，我实验性地采取了用现代时空讲述历史故事的手法，探索有关纪录片中历史故事的讲述在表现手法上的新途径。

不同时代的同一个事件

用现代时空讲述历史故事，可以运用在不同时代对同一事件的叙述中，用类比的手法对同一事件进行古今对照，通过当下显影历史。例如第一集《寻路》中海路的故事，这一集中的三个人物分别是义净、文森特、翟墨，这是不同时期的三个人物，义净是唐朝的佛家弟子，文森特和翟墨分别是20世纪70年代和活跃在当下的职业航海人。对于这三个人物的海上生活，我们全程跟踪拍摄了翟墨从中国福建出发，去意大利米兰参加世博会；我们还拿到了文森特从中国出发，驶往法国巴黎的全部胶片影像；而对义净法师来说，没有任何影像可寻，又如何呈现一千三百多年前的海上生活呢？由于这三个人物同处于一条海路上，遭遇着来自海洋的各种挑战。即使没有一千三百年前义净法师的影像资料，但我们把翟墨、文森特和义净放在相同的海域去类比，通过现实的影像显影历史画面，这种手法同样能够让观众立体地认识到义净法师的海上生活。另一个例子是第二集《家承》的干漆夹苎造像工艺。东晋戴逵父子发明了天台山干漆夹苎造像工艺，通过师传徒的方式传承了千年，汤春甫是当今唯一一位传承人。对于一千六百多年前发明的这种工艺，同样是可以通过当下来表现的，因为作为唯一的传承人，汤春甫和戴逵做着同一件事——传扬干漆夹苎造像工艺，传承人汤春甫严格按古法炮制，通过现在时空的对这一工艺细节性的展示，我们仿佛看到了古人的影子，于是一千六百多年前古人造像的画面栩栩如生地展现在我们的眼前。

家族传承显影历史

家族体系成为文明延续一个重要的、可持续发展的管道。由于血缘关系带来的那种先天的黏附力，家族传承的模式充满人性的意味，又具备很强的韧性，经得起风吹雨打。家族传承的不仅仅是手艺、技巧，还有先人的个性和处事态度，因此透过家族的传承人，可以看到先人的信息。比如第二集《家承》中瓷雕工艺的传承人苏献忠和他的曾祖父苏学金的故事，苏献忠的曾祖父苏学金出生于19世纪末期的瓷都——福建德化，热爱瓷雕工艺的苏学金接受传统的熏陶但又不拘泥于传统，因此他的作品在当地脱颖而出。1915年，苏学金的作品《梅花》获得了巴拿马万国博览会金奖。苏学金的故事发生在一百多年前，除了他的作品，没有其他的影像留存下来。而作为第四代传承人的苏献忠却与他的个性、处事态度以及取得的成就十分接近，苏献忠也是接受了传统的瓷雕工艺的训练，但他的作品中没有模仿，唯有创新，于是在曾祖父苏学金的作品获得金奖的九十五年后，苏献忠的作品《"误读"水浒》获得了全国第九届陶瓷艺术设计大赛金奖。因此，透过细节性地记录苏献忠的创作过程，我们依稀看到了一百多年前苏学金的影子和与他相关的历史故事。

又如第二集《家承》中丸屋八丁味噌家族的故事，丸屋八丁味噌传承了六百七十年，传承人浅井严格按先人留下的配方行事。浅井个性中的严谨与墨守成规，使我们仿佛看到了丸屋八丁的先人。味噌工艺传承中最重要的是有文字记录的配方和工艺以及工艺中使用的石块，而文字记录和工艺中使用的石块同样传承了六百七十年，成为仍在使用中的文物。捧着先祖留下的文字记录，触摸着压石工艺中留有先祖体温的石块，一丝不苟地坚守着代代相传的技艺，透过传承人浅井，此时此刻以最温情生动的方式让我们感知了历史。

"家承"是中华文明加入世界文明流转体系的一个重要的存在方式。很多物质存在形式（如丝绸、茶叶）和非物质文明形态（如手艺、习俗）都带着发源地的地理信息，费孝通先生在《乡土中国》中对其有过这样的表述：籍贯是血缘关系的空间投影。从这个角度来说，通过家族传承能够显影出更为广泛的历史图景，如第三集《原乡》中铁观音的故事。铁观音被发现距今已有二百八十多年的历史，铁观音的故事中必不可少的信息有：地理环境、乡土人情、种茶和制茶的工艺、贸易方式。于是我选取了铁观音的发现者王士让的一组后人作为被观察者：他们中有的仍坚守在安溪山头，严格按照古法种茶、制茶；有的则随着茶叶贸易下南洋，开老字号的茶庄，经营中即使是茶叶包装这一小细节也沿袭手工传统并代代相传；每到采茶季，海内外族亲都会闻着茶香回到故乡安溪品茶、斗茶、走亲访友……通过跟踪记录这些传承人的故事，综合每个人物的不同信息，生动地还原了铁观音的历史真相。

轮回中的昨日重现

轮回（Samsāra），是流转之意，起源于印度梵书时代（公元前一千至前五六百年间），成熟于奥义书时代。影片中的"轮回"是指从"海上丝路"的命运流转，与一个新的盛世到来产生的那种"昨日重现"似的、颇堪玩味的变化与不变、似与不似。历史与现实常常出现某种有机的契合，使我们得以透过现实找到历史的真相。比如，第八集《轮回》中汤姆·潘恩和祖先约翰·默里·福布斯的故事：1784年中美通航后不久，汤姆·潘恩的祖先约翰·默里·福布斯就来到了中国，遇到当时广州十三行行商的领头人伍秉鉴，伍秉鉴曾为约翰·默里·福布斯提供了贸易上的第一桶金，先祖的这段历史从此成为福布斯家族的一段佳话。重现二百多年前的这段历史，除了文物取证外，后人汤姆·潘恩与中国再次合作的故事成为关键。中国的改革开放以及"一带一路"战略，不断激励着汤姆·潘恩追寻祖先在中国的足迹。作为园林景观设计师，2008年以后汤姆·潘恩承接的每一个项目都与中国有关。汤姆·潘恩的故事与祖先约翰·默里·福布斯的故事相距二百年，但似有昨日重现，让我们通过现实看到了历史。又如第八集《轮回》中丁宗寅和祖先赛典赤·瞻思丁的故事：一千多年前，泉州港作为国际大港迎送来自世界各地的商船，许多阿拉伯商人还因为等待季风等原因而长期留在泉州居住。丁宗寅的祖先赛典赤·瞻思丁就是留下来的阿拉伯客商之一，到丁宗寅这一代已经是第二十二代了。中国的改革开放迎来又一轮的贸易盛况，使丁宗寅看到了契机，也许是来自血脉的商业基因使然，丁宗寅的个性与祖先极其相像，从事贸易的理念与先祖也不谋而合，他的第一桶金就是来自沙特阿拉伯。丁宗寅与先祖赛典赤·瞻思丁的故事也似昨日重现，透过丁宗寅的故事，我们遥望赛典赤·瞻思丁。历史在轮回中得以重现。

海路迢迢，人来人往。绵延千年的海上丝绸之路不是一条单纯的空间轨迹，而是一代又一代旅人的生命舞台。

从当下出发，追随三十多个鲜活的人物故事，叩问"海上丝路"的前世今生，透过现实场景显影历史图像，于我来说，承拍纪录片《穿越海上丝绸之路》，是挑战也是机遇，在这部影片中，运用现在时空讲述历史故事，是一种意味深长的探索和尝试，我也很高兴与读者分享这一创作感受。

《穿越海上丝绸之路》总导演　顾筠

附录二　人物的选择与故事构成

　　有关"海上丝绸之路"最早的文字记录来自汉代史学家班固的《汉书·地理志》，书中记载：公元前111年，汉武帝平定南越后，不久便派船队携黄金、杂缯等，从广东雷州半岛最南端的徐闻出发，沿北部湾和越南海岸一路南行，用了近一年的时间，绕过马六甲海峡，到达黄支国（今印度）、已程不国（今斯里兰卡），并同沿途各国交换了大量物品。这段文字证实了在两千多年前，中国就拥有了远洋航行的设备和条件，在海上与世界各国进行交往和物品交换。而在此之前，为了寻求更理想的生活，一代又一代勇敢的航海人不断地在探索抵达彼岸的途径，于是形成了最初始的海路。

海路迢迢，人来人往，诉说着商道上古往今来的故事。而古往今来的故事是由人筑成的，这也形成我们这部纪录片以人物为主体来讲述的风格。八集系列片每一集收录三至四组人物，其中人物的选择和故事构成成为影片的关键。

第一集《寻路》

本集以一个"寻"字，开门见山地表明全片的观察方法和姿态。沧海茫茫，勇敢而智慧的航海者代表人类超越空间与心理的局限去发现未知的地理疆域。而对于今天的人来说，我们也要穿越时间的迷雾，去寻觅这样一条路径。

这一集，我选择了三个人物：唐朝僧人义净法师、20世纪70年代的法国航海家文森特以及当代著名航海家翟墨。

拿督吴恒灿和义净法师

义净是与玄奘同时代、稍晚的赴印度取经的"海路唐僧"。从公元671年起，义净法师先后三次从海路到达过南洋，并留下了《南海寄归内法传》和《大唐西域求法高僧传》等历史文献，对研究东南亚古代史有重要的参考价值。马来西亚文化部文化遗产基金会非常重视关于义净法师的研究，专门委托马来西亚汉文化中心主席、拿督吴恒灿负责这项研究，于是在吉隆坡做前期调研时，我前往马来西亚首要媒体大楼拜会了吴恒灿先生。生活在马来西亚的华人大多世代经商，而作为第二代当地出生的华人——吴恒灿先生却是一位标准的谦谦学者。吴先生一直从事对义净法师的研究，在研究过程中，吴先生进一步认识了同一时期的另一位著名的唐僧玄奘和一本有关玄奘西行取经的畅销书——《西游记》，于是他与同是翻译协会委员的太太李玉涓一起努力，翻译并出版了马来文版的《西游记》，并让华族小学生以马来语将《西游记》搬上舞台，使该书成为马来民族的畅销书。吴先生并不满足在译著中取得的成就，对他而言：寻找义净法师当年搭乘商船从广州出发赴印度那烂陀并在东南亚一带留下的足迹，解读义净留下的有关东南亚历史的最早的文字，探索义净在文化交流上的贡献，成为他宣扬佛学之余的另一使命。

而对于我们这部纪录片来说，最早与商道、海路、文化相关，并留下文字记录的著名人物也就是义净法师，于是吴恒灿夫妇沿着当年义净法师的足迹，探究、揭秘义净法师留下文字记录的过程成为本集一条重要的故事线索。

文森特

在广船国际有限公司做前期调研时，我们在影像部发现了一部名叫《华·埃尔夫号》的纪录片，该片详尽记录了四十年前一位来自法国巴黎的航海爱好者文森特，委托广州造船厂古法炮制一条中国古船——"华·埃尔夫号"（也称为"广州女士号"），建造完工后从广州出发，驶回巴黎的故事。受该片的指引，我们开始寻找片中的主人公文森特。"广州女士号"抵达巴黎后，一直停靠在塞纳河旁，尽管今天它已换了主人，并改变了用途，但它始终未曾彻底离开过与它生死共存的前主人文森特的视线，这也就给我们创造了见面的机会。相隔四十年，文森特牵挂着参与建造"华·埃尔夫号"的人们：黄忠福、老温……于是文森特成为本集中另一个重要的人物。

翟墨

在本集故事内容调研前，我就设定了一个现在时空中的关键人物，意在用现代时空显影历史影像，于是我开始关注翟墨。2007年1月6日，翟墨变卖家产，独自驾驶帆船，开始了环球航海之旅。他从山东日照出发，历时两年多，航行两万八千三百海里，成为第一个完成单人无动力帆船环球航海的中国人。航海人的大部分时间都在海上，初见翟墨，正值他上岸。披肩长发、古董色的肤色和坚毅的目光是他给我的最初始的印象。通过交谈，我得知翟墨计划在2015年4月重走海上丝绸之路，到米兰参加世博会，于是我确定了本集的第三个人物并计划全程记录翟墨。

从义净法师到文森特再到翟墨，他们相距一千五百年，但在同一海域里相遇，用挑战生死的勇气探寻海上的路径。三个人物故事采取平行剪接的手法，交织着理智与情感、惊险与温暖、古路与今路、寻觅与发现。

第二集《家承》

本集透过"海上丝路"呈现出来的一组血缘关系的空间投影，以家族传承为脉络，观察"海上丝路"呈现的文明流转的印迹。"海上丝路"开启了一条文明交流的通道，也是勇敢者寻求新的生存空间的路径。几千年来，不断有人寻路而生，很多家族就这样在丝路上枝繁叶茂地生长起来。

这一集中选择了四个主要人物：德化艺术瓷雕传承人苏献忠、干漆夹苎造像工艺的传承人汤春甫、苏绣传承人兰玉、味噌工艺传承人浅井。

苏献忠

在泉州德化，随处可见大大小小的陶瓷作坊，它们生产的产品，有人物雕塑，也有日用瓷器，多数大同小异。寻找一位风格独特的陶瓷雕刻艺术的传承人成为我们的目标。

在泉州广播电视台陈家平导演的引领下，我们见到了家承四代从事艺术瓷雕的苏献忠，尽管他的曾祖父苏学金的作品《梅花》在1915年就获得了巴拿马万国博览会金奖，但他的风格定位中没有模仿，只有觉悟与创新。同为一件人物雕像或佛雕，他的作品与常人完全不同。在德化，苏献忠的作品给我们留下了最深刻的印象。由于风格独特，几乎每年他都会应邀在世界各地举办作品展。

汤春甫

在中国，传统的手工艺可以家族式传承，也可以师传徒式相传，汤春甫就是一个例子，他从小在天台山华顶寺学习干漆夹苎技术造像，这项技术在天台山通过师传徒的方式，延续了上千年。汤春甫作为唯一的传承人，自20世纪80年代初就开始了他的创作生涯，至今他的作品已遍及全世界。

我和汤先生相识于20世纪90年代初，虽然是二十五年后再次相见，但汤先生面貌上的变化并不大。也许对他而言，创作本身是一种沉浸，是四十年不变的潜心投入，于是，他被岁月遗忘了。

兰玉

初识兰玉是在巴黎大皇宫举行的高级定制时装周上，年轻的设计师兰玉以中国丝绸为主题，融入现代时装设计语汇，获得了国际时装界的关注。法国高级定制协会特意派人前来观摩，考察这个正在申请入会的年轻的中国品牌。

苏绣传承人兰玉以丝绸为概念，跻身门槛颇高的法国高级定制协会，其背后的故事正是我们希望通过记录来讲述的。而逮住兰玉着实不易，处于事业上升期的兰玉每天都处于万事缠身的状态。经过进一步沟通，兰玉回到苏州老宅，安安静静跟着母亲练习苏绣，有关兰玉的故事由此展开记录。

浅井

中华文化东传日本的历史可追溯到公元前 2 世纪，日本文化出现了一个突然的飞跃，出现了陶器、铁器，并开始种植水稻。日本历史学者们经研究，公认这一突然的飞跃来自中国秦汉时期的先进文化的东传，学界称之为"弥生文化"。而到了唐宋时期，造船和航海技术的大幅度进步，使天堑变通途，为数不少的日本僧人、学者、商人纷纷往来于中日之间。文明的河流自然地流淌，很多当时流行于中国的手工技艺传播到日本，并以中国传统的家族传承方式在日本代代相传。

在日本寻找家承的故事并不难，而且许多老字号的历史都在三四百年以上，但说服他们接受采访和拍摄却十分不易。在国际制片罗洁的协助下，我们终于找到了愿意接受采访、拍摄并且已经传承了六百多年的丸屋八丁味噌家族，传承人浅井甚至还展示了祖先留下来的配方。

苏献忠、汤春甫、兰玉、浅井这四个人物虽然行走在各自不同的轨道上，但代代相传的工匠精神使他们有了交汇。四组人物既平行又交织，构成了海路上"家承"的面貌。

第三集《原乡》

本集以一个家族几代人的命运为观察样本，跟踪他们的生活，探究茶叶贸易由东向西的发展轨迹。本集期待在"茶文化"的主题下找到一种全新的视角和表达方式。一片树叶，却成为寻找精神家园的路标，因为这片树叶带着故乡泥土的气息，悄然改变了世界人们的生活方式，"海上丝绸之路"因此又被称为"茶叶之路"。

我们循着这片茶叶由东向西飘动的轨迹，寻找到几位"海上丝路"上的原乡人。本集我们以铁观音的发现者福建安溪王士让的后人为观察对象，一一展开叙述。

王士让的后人

王士让是三百多年前安溪的一位官员，我们以他为依据，开始寻找他的后人，我们发现：王士让的后人中有的仍在安溪从事铁观音的种植；有的随着茶叶贸易闯荡南洋，并在东南亚诸国开枝散叶，泰国、新加坡、印尼、马来西亚等地都有他的后人。但无论走得多远，每年采摘新茶之际，王氏族人都会相聚安溪。因此，依据工艺传承、经营理念、近乡情怯、全球贸易等核心内容，我们分别选择了王文礼、王大猷、王显娇、魏荣南、王琳娘等作为本集的主要人物。

本集交织叙述铁观音的发现者的后人们的故事，他们从原乡出发下南洋，并且转道欧洲和美洲。本集详细展示了茶叶如何从中国传到世界各地，并改变西方人的生活方式，从而推动历史的进程。

第四集《连枝》

本集讲述了在遥遥的迁徙路上，与当地原住民通婚是一种应对外部环境的生存策略，也成为巩固、稳定海外贸易的一种人性化方式，并最终促进了各种族之间的文化融合。

在地域上拉开差距，在文化上显示多样性，带着这样的诉求，我选择了三对混合婚姻家庭：来自斯里兰卡的阿努拉与中国太太潘霞、来自尼日利亚的杰坤多和中国太太欧丽芳，以及移民美国的何伟和太太戴比。

阿努拉与潘霞

定居北京的斯里兰卡茶商阿努拉多才多艺，也许受中国太太潘霞的影响，他对中国文化有着浓厚的兴趣，有关阿努拉的报道很多，联系上他也不是一件难事。最终选择这个家庭主要从两个方面作了考量：一是阿努拉性格外向，中文表达十分流利。二是他和潘霞的婚姻极具典型性，因为贸易而结缘，对彼此文化的欣赏使他们的婚姻生活幸福而平稳。

杰坤多与欧丽芳

定居广州的尼日利亚侨民有两万多，信奉天主教的尼日利亚侨民们每个周日都会相聚广州圣心大教堂，这是一个非常重要的寻找人物线索的契机。每次活动，我总能看到一位身材高大魁梧的"尼侨"带着他的广东太太一起忙前跑后，他就是尼日利亚广州商会的秘书长——杰坤多,每周日他都会带着他的中国太太欧丽芳和三个孩子参加祈祷。

选择杰坤多与欧丽芳成为本集的人物故事,是被他俩创办的婚姻家庭论坛所吸引,这是一项服务于"尼侨"的社会公益,生活在广州的"尼侨"常常会遇到身份、生存、婚姻、法律等一系列问题的困扰。杰坤多夫妇投入了大量精力为他们服务。

何伟与戴比

海上丝绸之路既是贸易之路,又是文化交流之路。美籍华人何伟是位药物学家,他与戴比的婚姻可称为中美文化交流的典范。

毕业于北京大学的何伟移民美国近三十年,其间研制成功了多种治疗冠心病、糖尿病、抗肿瘤的药物并在美国上市。而近年来,高速发展的中国经济,让何伟看到了机会,于是他与戴比一起又回到中国创办了一个人的药企。选择何伟与戴比的故事,除了混合婚姻外,何伟在药学领域里取得的杰出成就,以及他创建的一个人的药企,都是重要的原因。

本集以文化人类学的目光,从通婚的角度,观察海上丝绸之路上族群之间的互动与融合。三组人物故事涵盖婚姻生活、文化交流、贸易合作等领域。故事与故事之间平行交织,层层叠加。

第五集《薪传》

本集聚焦"海上丝路"上发生的技术交流层面的人和故事。薪尽而火传,人类文明的传承与流转,很大一个部分是技艺的交流。

这一集中,我们选择讲述广东汕尾企业家林孟德与文莱合作渔业养殖、印尼 AG 集团董事长郭说锋引进中国杂交水稻、泰国开泰银行的掌门人伍万通与中国开展贷款业务、泉州商人蔡国伟到非洲马达加斯加农村教当地人穿衣服等多种形式的技术交流与合作。

林孟德

文莱的海洋石油资源极其丰富,富油国的子民们的社会福利十分的优厚,以至于当地人荒废了生存技能。政府希望利用海洋资源给当地人培训海水养殖技术,世代生活在广东汕尾从事海水养殖的林孟德从中看到了机会,于是他与文莱渔业局合作,通过租用鱼排扩大生产规模,并免费教授当地人养殖技术。

在调研阶段,我们发现了有关这一事件的报道,并赴广东汕尾作了前期采访。林孟德的祖先们均以捕鱼为生,到林孟德这一代,开始从事海水养殖,使林孟德有了与先祖们不同的生存技能。林孟德的渔业生产颇具规模,并十分重视国际标准,因此他的产品远销东南亚及欧美各国。与此同时,他还在申请哈拉证书,使他的产品能够销往阿拉伯国家。虽然在渔业贸易上取得较大的成就,但林孟德依然保持着邻家大叔的秉性,采访结束后,他亲自下厨为我们做饭，堪称一位朴实的、有人情味和亲和力的渔民的后代。

伍万通

在新华社驻泰国分社社长明大军的介绍下，我们前期采访了泰国第三大银行开泰银行的董事长伍万通。

一百多年前，伍万通的曾祖父从广东潮洲乘坐红头船来到泰国从事木材贸易，在木材生意取得成功后又创办了银行。后来伍万通的父亲与泰国五世王的女儿成婚。到了伍万通这一代，由于伍万通在金融业表现出来的出众的天分与成就，于是就顺理成章地接过了家族的事业。

选择伍万通，除了他个人在金融业非凡的表现外，还有他对中国的特殊情感以及与中国在金融上的合作。

郭说锋

前期采访时，印度尼西亚是重要的一站，尽管印尼的交通与治安令人担忧，但在新华社驻印尼分社社长余谦良的帮助下，采访工作进展顺利。在余社长的推荐下，我们采访了一些早年来到印尼从事贸易的华商，在这些人物中，郭说锋给我留下了深刻的印象：郭说锋能说一口流利的中文；做决定很快，雷厉风行，有军人做派。郭说锋是个成功的华商，他一直在做社会公益，他做的一件最大的社会公益就是引进中国杂交水稻技术，解决当地三百万个家庭的用粮问题。

蔡国伟

蔡国伟是泉州广播电视台陈家平导演推荐的,虽然蔡先生的普通话带有浓浓的闽南口音,但丝毫不影响他的谈兴。蔡先生曾是个侦察兵,在 20 世纪 90 年代末去了马达加斯加,选择马达加斯加是因为许多人不敢去,而在蔡国伟看来,没人敢去的地方充满了机遇。马达加斯加政局不稳,但当过侦察兵的经历使蔡国伟很快适应了当地生活。他发现当地人没有穿衣、着装的理念,每个人只有一块白布,白天裹在身上,夜里当被盖。于是,他开始教当地人穿衣,并把福建一带积压的服装库存及时销往了物资短缺的马达加斯加。

蔡国伟的故事具有传奇性,选择他是因为他那过人的勇气、智慧和贸易成就打动了我。

本集这四个人物故事的叙述平行又交织,故事与故事之间互相推动,呈现出一幅不断发展、更新的薪火相传的"海上丝路"图景。

第六集《问道》

本集以中华文化中独特的瑰宝中医、中药为脉络,以充满人文关怀的视角讲述"海上丝路"上人与人之间的动人故事,追寻中华文明之光亮。

本集出现了这样几组人物:中医名家樊正伦与来自"海上丝路"

沿线不同国度的几个弟子们,他们学成之后回到自己的国家,成为按古法问诊、炮制药材的中华医学的追随者与践行者。本集呈现了一幅跨地域的问道者的群像图。

樊正伦

樊正伦的外祖母是段祺瑞的家庭教师,在外祖母的引导下,樊正伦从小学习国学。后来樊正伦到宁夏农村插队并自学中医,在六盘山上,他学习神农以身试毒来体会草药的功效。高考恢复后,他已自学完全部中医药学的本科课程,直接考上了辽宁中医学院的研究生。毕业后他一直从事临床诊治和中医古籍的整理工作。

选择樊正伦除了他个人与中医药的特殊渊源外,能引经据典、深入浅出地讲解中医药的理论是很重要的原因。扎实的中医理论及丰富的临床经验,使得樊正伦每一次的讲解都能达到引人入胜的境地。

黄红、索菲亚、罗凯

广州中医药大学国际班的学生们来自世界各地,对留学生们来说,参与纪录片的拍摄并能与樊正伦教授对话既是一次特殊的体验,又是一次难得的学习机会,因此,我们很顺利地选到了既符合我们要求又愿意配合拍摄的洋弟子。

我选择了其中三位作为主要人物:黄红、索菲亚和罗凯。黄红来自泰国北部偏僻的乡村,能讲一口流利的中文,受华佗故事的影响，她立志学习中医。索菲亚来自缺医少药的非洲科摩罗，那里疟疾肆虐。广州中医药大学组织了快速消灭疟疾的团队到当地义诊，使索菲亚与中医结缘。索菲亚的中文并不好，但她很努力。罗凯来自以色列，先祖曾与中国有贸易往来，使他与中国结缘。于是他来到中国学习中文、中医并坚持了八年。

本集以中医、中药为脉络，追寻中华文明之光亮。从樊正伦教授向洋弟子们传授中医药文化这个单一的故事源出发，发展出洋弟子们回到各自的国家继续中医生涯的多条线索。多条线索平行并进，互相推动。

第七集《脉缕》

本集试图从文化的角度，观察和描摹萦绕在海上丝绸之路上、绵延不断的非物质文化的那一缕人文乐音。看上去好像是一些跟家国大事无密切关系的闲笔，但这恰恰是文明传播极重要的组成部分，也是超越时间和空间局限的文化软实力的载体。粤剧、南音、南少林功夫、粤菜、华语文学乃至中国传统的道教文化等勾描出"海上丝路"多彩的文化画卷。本集的主人公有：美食文化推广者庄臣，戏曲艺术传承者葛锐娟，南少林武术洋弟子乔夫瑞和蒂娜，义务普及中国传统文化的郭再源。

庄臣

要寻找美食文化的推广者,庄臣可谓是不二之选——作为广州电视台美食栏目的主持人,积淀了六百期节目,他对粤菜的介绍与制作可谓烂熟于心,游刃有余。即使在纪录片的跟拍过程中增加了他与母亲的互动,以及走出国门的文化交流等环节,庄臣的表现依然自如、本真。

葛锐娟

在戏曲演员的选择上,有两个方向:一是选择功成名就的老演员;二是选择初出茅庐的青年演员。我选择了后者,因为后者的故事更便于表现学艺之艰辛、成长之不易,从这个意义上来说,葛锐娟是理想的人选。

乔夫瑞和蒂娜

在南少林寺主持常定的带动下,南少林功夫随着"海上丝路",漂洋过海,发扬光大。为了表现南少林功夫的难度和精髓,我们开始寻找洋弟子,消息发布后,大量外国人前来报名,从中我选了泉州华侨大学的外籍教师乔夫瑞和留学生蒂娜。

郭再源

郭再源是新华社驻印尼分社社长余谦梁推荐的另一位第二代华裔商人。在印尼,华人善于经商,渐渐与原住民拉开了贫富差距。为了消除华人与原住民之间的隔阂,多年来郭再源一直坚持用赚到的部分资金做社会公益,帮助原住民改善生存环境和条件。除此之外,郭再源认为应该让原住民的后代接受中文教育,了解中华文化,才能推动不同民族之间的和平共处。

郭再源的观点独特,在印尼推广中文学习也很成功。顺理成章,他成为这集的主要人物。

华夏文脉,不绝如缕。这一集的四个人物故事平行交织,从国内到国外,他们执着的一言一行,延续着不绝如缕的中华文脉。

第八集《轮回》

本集的立意是发现从"海上丝路"的命运流转与一个新的盛世到来产生的那种"昨日重现"似的、颇堪玩味的变与不变、似与不似。历史与现实常常出现某种有机的契合。

本集选取几个历史时空中的关键人物的后人,以跟踪讲述他们现在时的故事,穿插讲述他们祖先的故事和祖先对后代的影响,从而形成一种时空的回环感。

选择的人物有:美国首航中国的古船"中国皇后号"船长的后人,广州十三行领头人伍秉鉴的第七代后人伍凌立和广东商人后代张帆,当年曾与伍秉鉴有生意往来的美国福布斯家族的后裔汤姆·潘恩,泉州阿拉伯商人赛典赤·瞻思丁家族的后人丁宗寅。

汤姆·潘恩

在广州市"社科联"举办的以"中美首次通航"为主题的研讨会上,我遇到了来自波士顿的建筑师汤姆·潘恩和他的表兄罗伯特·福布斯。1784年,中美首次通船后,广州十三行行商领头人伍秉鉴接待了福布斯家族的奠基人——约翰·默里·福布斯。汤姆·潘恩和罗伯特·福布斯对先祖与中国的贸易往来有着浓厚的兴趣,罗伯特·福布斯收集了大量文物,创办了福布斯家族博物馆,汤姆·潘恩根据先祖留下的有关中国的大量胶片影像来重新认识中国。近几年里,他每年都来中国广州,并为这座城市的改造中极为关键的城市景观设计出谋划策,他把自己对这座城市的感受写进了他的著作——《有心的城市》。

张帆

与汤姆·潘恩的故事相对应的是张帆的故事,同样是商人后代的张帆是一位汽车设计师,他和他的团队致力于自主品牌量产车与概念车的造型设计。仿佛是祖先与美国商人生意往来的一次轮回,张帆一直在为自己主导设计的量产车打开美国市场而倾尽全力。

丁宗寅

一千多年前,作为国际大港的泉州港迎送来自世界各地的商船,许多阿拉伯商人还因为等待季风等原因而长期留在泉州居住。丁宗寅的祖先赛典赤·瞻思丁就是留下来的阿拉伯客商之一，到丁宗寅这一代已经是第二十二代了。

在泉州电视台陈家平导演的推荐下，我在泉州斯兰集团见到了丁宗寅。也许是来自血脉的商业基因使然，丁宗寅从小就立志要搏击商海。丁宗寅的第一桶金来自沙特阿拉伯，之后他就没有停止过与阿拉伯客商的往来。他对祖先的历史和阿拉伯文化有着浓厚的兴趣，并鼓励后人去先祖的国家寻根探源。

岁月的变迁无法改变血脉中的基因，这几位有历史的当代人冥冥中延续着祖辈的事业，而且他们其中有人竟然在今天又产生交集。这几组人物故事叙述仍然采取平行并进的手法，交织着古代与当下、先人与后人、移民与梦想、传承与轮回。

如果再给我一些时间

选择恰当的人物作为主题纪录片的观察对象是人类学、社会学常用的手法，这种手法提升了纪录片在观赏过程中的可信度，但实现这一想法绝非易事。

应出品方的要求，纪录片《穿越海上丝绸之路》在一年的观察式拍摄中完成了对三十多个人物的记录，尽管其间有部分内容为分组拍摄，但把一年的时间分到每个被观察者身上，仍是少之又少的，一年中完成对这三十多个人物的观察、记录,作为总导演,我已竭尽全力。

我只想说:如果能够再给我一年的时间,也许我通过镜头的观察会更加细致、深入。

《穿越海上丝绸之路》总导演　顾筠

附录三

回到原点,重绘海上丝绸之路人文地图

2015年1月28日晚上九点,穿过印尼雅加达一家豪华酒店灯光幽暗的夜总会过道,我们被引进一间宽敞的私人宴会厅,在这里我们见到了郭说锋——一位单打独斗从流落街头的赤贫小子一路跻身为印尼上流社会的商界大佬,也是他在印尼千岛中圈起一大片与世隔绝的茂密丛林,只为保育这里仅存的二十只苏门答腊虎……他的左边是表情严肃的印尼军方高层,右边是显赫的政府总统顾问,中间的郭说锋正埋头吃着一盘炒饭。

2015年1月《穿越海上丝绸之路》摄制组主创团队前往东南亚五国实地调研,印度尼西亚是第五站,2013年习近平主席也是在这

里首次提出构建"21世纪海上丝绸之路"的倡议。作为"海丝"国家中的重中之重,东盟理所当然成为我们片子的主要拍摄区域和故事来源地。在整部片子的三十二个人物中,有将近三分之一来自东南亚国家,其中大部分是在2015年初的那次调研后筛选并确定拍摄的。

在第三集《原乡》中,有一个说着流利英文、在福建安溪茶园触景生情的女孩白姗姗,她和母亲王显娇的一段对话让很多人为之动容。《原乡》讲述的是茶叶的故事,以铁观音的发现者——王、魏两家的家族故事为主线展开。在东南亚从事茶叶贸易的王显娇一家便是我们在泰国调研时找到的,我至今难忘与王阿姨的第一次相遇。

抵达曼谷的第二天,我找到八马茶业董事长王文礼先生提供的电话号码,联系他在泰国做茶叶贸易的远方亲戚王显娇。接电话的是个上了年纪的阿姨,声音清脆悦耳。之前在国内我也联系过王阿姨,但当她得知摄制组已经抵达曼谷时,还是有些吃惊,声音里难掩兴奋和期待。次日上午,导演顾筠、摄影指导李雄、总撰稿吴琦、泰国分组导演杨晟和我来到位于曼谷老城区的花市街。花市街虽然名字好听,也确实以卖花为主,但由于在老城区,街道有些拥挤不堪。我们一路寻觅着"王阳春茶叶店"几个字,一个个门脸上陌生的泰文让我们一时茫然无措,正当我准备掏手机联系王阿姨时，隐藏在百花深处的一家老店门前一个妇人的身影映入眼帘，她气质温婉，剪裁别致的粉色套装让她在周围凌乱粗陋的环境里略显出挑。妇人端坐在门口的高脚凳上，望着门外熙来攘往的人群，似乎在等待什么。那双忧郁美丽的大眼睛让人不难想象她年轻时该是如何端庄的一位大家闺秀。果真是她。王阿姨热情地打过招呼后，便带我们走进这家百年老茶店。她跟我们讲了她颠沛流离的家族命运史，说到动情处，在一旁仔细聆听的女儿会给妈妈递上纸巾，攥攥她的手。在海外留学多年的大女儿白姗姗告诉我们，她决定放弃在泰国优厚的工作，回家帮妈妈重振家业，那份坚守与执着至今令我们感动。

我们还去了新加坡，在安溪铁观音魏氏家族传人魏荣南先生的茶叶试验室，我们品尝了年代久远的各式老茶，在这里我第一次知道，原来喝茶也会醉人；在马来西亚，吉隆坡历史最悠久的茶行"广汇丰"的第四代传人刘俊光先生告诉我们，对马来华人来说，老茶既是生意也是乡愁。正如总撰稿吴琦在第三集《原乡》中写道的那样："一片树叶成为寻找精神家园的路标，因为这片树叶带着故乡泥土的气息，悄然改变了世界人们的生活方式。'海上丝绸之路'又被称作'茶叶之路'，我们可以循着这片树叶飘来的轨迹，做一个'海上丝路'上的原乡人。"

一千四百多年前，与玄奘齐名的义净法师从广州出海，去印度那烂陀取经，所到东南亚诸国，均记录下当地的风土人情，成为那些国家最早的文字记录。马来西亚学者、拿督吴恒灿受政府所托，与夫人一起踏上了寻访义净求法之路的漫漫征程，并意外地在马来西亚布秧谷发现了一条鲜为人知的千年商道。这个故事可以说是整部纪录片中，穿越千年、在古今丝路上寻觅与发现"海丝"传奇的典型例子，而我寻找这个故事的过程却充满了偶然性。

2014年12月初，新华社亚太日报社总裁金文胜先生在北京和顾筠导演见面，希望亚太日报社能成为《穿越海上丝绸之路》的联合摄制方之一。会面期间，金总提到新华社亚太总分社即将在香港主办第一届东盟发展论坛，顾导便让我去论坛上找找故事。12月13日，论坛举行当天，来自东盟各国的政界、商界、外交、文化和媒体领域的人士就东盟与中国的合作发展问题进行了探讨。会后休息期间，我在香格里拉酒店大堂见到了刚刚在会上发言的马来西亚学者、拿督吴恒灿先生，他正和朋友侃侃而谈，我凑上去听了听，立刻被吸引住了。吴先生正兴致盎然地谈论着一位唐代高僧，说他是一位在东南亚一带声名远盛于玄奘的法师，叫义净。当时我连"义净"是哪两个字也不知道，一边在手机上搜索，一边听他继续说道："20世纪70年代的马来西亚历史课本中写道，公元7世纪，曾有一个中国人来到马来半岛，并记录了当时此地的风土人情，而在此之前，马来西亚的历史几乎是一片空白。可以说，马来西亚的历史是从义净法师开始的,他是古代海上丝绸之路的先驱。如果有确凿的证据进一步证实它的话,那么马来西亚的历史可以向前推进七百年!马来西亚文化部部长四天前刚刚宣布由我来负责开展对义净的历史研究……"

"由海路西行求法""声名胜于玄奘""古代海上丝路的先驱""一个国家的历史将向前推进七百年"……这些信息太宝贵了!我想,如果可以,我们应该跟拍拿督追寻义净足迹的这个过程!我立刻上前向拿督做了自我介绍,说我们正在拍摄一部讲述"海上丝路"的纪录片,希望多了解一些义净法师和东南亚国家的故事。吴先生有些意外,但还是欣然接受了我的邀请。我们相约一个月后在马来西亚再见,到时我会带着总导演亲自拜访他。2015年1月下旬,摄制组主创如约前往吉隆坡,与拿督先生及夫人一起商量拍摄寻访义净法师求法之路的事宜。再后来,也就是我们在第一集《寻路》中看到的,在中国广州、洛阳、马来西亚的布秧谷、登嘉楼、吉兰丹、吉打、印尼的巨港、泰国的北大年、斯里兰卡的科伦坡、印度的那烂陀,义净——这位一千多年前凭着勇气与信念行走于海上丝绸之路上的文化使者的传奇故事,因着一次偶遇,被我们的镜头完整地记录下来。

历时一年多的调研,摄制组在广东、福建、浙江、东南亚以及全世界范围内找故事、查资料,从最初的茫然到深挖出一个个故事线索,直至绘制出一部波澜壮阔的海上丝绸之路的人文图景。海路漫漫,前有古人,后有来者。作为记录者,我们有机会穿越古今,讲述传奇,真的是件幸运和幸福的事。

《穿越海上丝绸之路》编导　黄瑞

附录四 各界专家对《穿越海上丝绸之路》的点评

将镜头靠近人,才能拍出好片子

陈光忠(中国电视艺术家协会电视纪录片学术委员会原会长):
广州是一座纪录片的富矿,有许多值得挖掘的历史和现实题材,海上丝绸之路就是其中一个。这部纪录片独具特点,不凡不俗,不仅追踪了人物的故事,还有更深层的追问、追寻、追思,具有很强烈的思考性,同时始终贯穿着人文关怀,从文化角度来讲"海上丝绸之路",很了不起。这当中,能看出广州市委的苦心和用心,能看出制作团队的勇气和眼光。用丝绸般的柔性的文化赋予来体现"一带一路"这样刚性的战略目标,确实很独具匠心,是一部精品,不但有文献价值，更有审美价值和精神价值。

刘效礼（中国电视艺术家协会电视纪录片学术委员会会长）：这部纪录片，看完以后和我想象的完全不一样，觉得很新鲜。我原来以为，讲海上丝绸之路可能是从秦汉、魏晋、唐朝，然后再到明清衰落，这样一直讲下来，但这部片子中有很多故事，很生动。广州有国际纪录片大会，这么多年四面八方的优秀纪录片汇集到广州，我觉得之前没有看到一部代表广州水平的纪录片，现在终于看到了。

王竞（北京电影学院摄影系主任、著名导演）：创作团队完成了一部非常好的纪录片。应该说，这个角度、这种题材很难拿捏，因为"海上丝绸之路"题材大、话题大，时空穿越数千年，面对海量的信息如何筛选，这是个大难题，需要照顾得很周到。我很惊喜地看到，这部纪录片在"大"与"小"的分寸拿捏上做得非常好。比如，导演从小切口切入，从一个人、一条小船，到一艘军舰后面代表的国家实力，这样把历史串联起来，从小切口入手表现大主题，这个非常难能可贵。

用影像书写文化的范例

张锦（中国电影艺术研究中心电影历史研究室研究员）：这部纪录片的主题是主旋律的，导演所选择的切入点非常恰当地体现了主旋律的主题，这是值得称赞的。因为，"一带一路"战略更关注的不是古代的事情，而是当下和未来，是值得我们继续传承下去的东西。记录这些东西，经过了时间和历史的考验，对未来重建海上丝绸之路会有更多的思考。通过这样的方式来挖掘"一带一路"的国家战略，更加具有深远的意义和文献价值，也能更好地展现和谐发展和对外开放的精神。

张明（汕头大学长江新闻与传播学院副教授）：这部纪录片在纪录理念上和美学方面都有大胆的突破。海上丝绸之路有很多故事，但多淹没于历史之中。顾筠导演采用一种跟以前的历史类纪录片不太一样的讲述方式，基本上没有用采访这种方式，这样要建构一部历史纪录片实际蛮难的。今天看了这部片子，我觉得这是用影像重新书写文化的一个很好的范例，这是对纪实理念的突破，也是电视美学一次很好的尝试。

张同道（北京师范大学艺术与传媒学院教授、博士生导师）：这部片子我非常欣赏，把历史的片子拍成今天的片子，而不是拍成一部历史纪录片，这很好。我们为什么要有"一带一路"这样一个国家战略，为什么要拍这部片子，只有找到当代的切入点才有意义，因为这部片子还要活在当代，而不是简单的历史片。

故事讲好了，就把民族精神带出来了

司徒兆敦（北京电影学院导演系原主任、中国纪录片之父）：近年来我们感觉到我国的纪录片正在从比较硬性的宣传，开始加进来一些个人化的、比较抒情的东西，融入片子，这很好。"一带一路""海上丝绸之路"这样的题材不好把握，现在我们看到这部片子，顾筠导演的团队做得很好，宏大的题材一定要落在地上，拍人的生活、人的故事、人的命运。特别现在讲中国故事，讲中国人、中国的情感，需要一个一个具体的故事来展现。看到片子里"教粤剧"那个段落，严师出高徒，真实记录下了那个认真和严格的劲儿，中国故事带出中国情感，这个里头把人的精神表现出来了。

桑吉扎西（中国佛教协会副秘书长）：这么一个重大的、有政治文化背景的宣传题材，可以做到在拍摄时，用不同人在不同国家的心路历程，以这样的方式讲述出来，让人非常佩服。特别是看到关于茶叶的那一集中，海外华人攥紧家乡的茶叶的场景，让我非常感动。这种画面的冲击力、引发的观众内心的感动，表达出了人物跟这块土地、这个国家的文化血脉的关系。再比如，第一集航海家翟墨扬帆而行，在他遇到危险时，我们的亚丁湾护航舰队出现了，一个强大的祖国始终站在每一个普通人的背后。只要人物找好了，故事讲好了，就把这个民族的精神带出来了，我认为这部片子做到了。

吴冠平（北京电影学院电影学系主任、《电视艺术》杂志主编）：这部纪录片带有很强烈的抒情性，很能打动和感染人，而这种抒情性也恰恰是这部作品仪式感的一部分。方正、大气和抒情，我认为这些构成了这部国家级作品很重要的仪式感。另外，导演追求一种真实感。比如，从第一集我们能够看出来，导演在寻找一个事件以及挖掘其张力的过程当中花了很多心思。此外，导演在导演这部纪录片时，多少追求一点传奇性，也就是寻找有魅力的故事。比如，我们看到片中有几代人种茶的故事，导演通过非常细致的逻辑，非常精致地选择了这些事件中最有感染力的部分，讲述了有传奇魅力的故事。

用一种自信的态度去表现我们的生活

钟大丰（北京电影学院国际交流学院院长、博士生导师）：这部片子做了许多非常有意思的探索、探讨，带来一些很有意思的思考。比如，我觉得第一集里面现代的航行和广州当年的航行片断放在一起，产生很有意思的效果。从这部纪录片的拍摄当中，能够感受到，这部纪录片的创作者正在努力和观众重新构建一种更加平等的视觉逻辑关系。事实上，当我们有了更多的自信，我们在讲述故事的时候才能把心态放平，在这部纪录片中，就看到了一些以前少见的叙述和镜头，比如，片中的一位粤剧老师，教学生如何唱粤剧、练功的故事，就表现出了我们真正在用一种自信的态度去表现我们传统的那种生活，以及我们的故事、我们的人物。

张锦：这部纪录片让我感到惊喜的地方在于，它找到了非常好的契合点来记录当下，通过记录当下来表现一种历史题材。它通过寻找当下社会现实和社会生活当中历史传承的痕迹来记录。比如，在第一集《寻路》当中，虽然也涉及需要表现固化的历史文献，但片子是通过一种有现场感的方式来进行表达和呈现，找到了一个马来西亚的华人去追寻义净法师的足迹，通过历史文献、历史典籍，以及这位华人追寻的现场来串联起历史和当下发生的事情。

张同道： 这部片子有一种国际视野，国际视野的主要特点是交流和传播，而不是说教。这部片子有对外文化交流的国际意识，这比多拍几个洋镜头要重要得多，这部片子表现出来的这种文化态度非常好。

吴冠平： 导演希望通过一种现代性的方式来思考命题，在片中每一集都有几个平衡的线索，比如，大海，古代的海、现代的海分别是什么样；船，古代的船、现代的船又是什么样；通过这种平行线索里的对比关系，体现了作者对于拍摄对象和思考对象的某种丰富性、深刻性或者说复杂性的认识，而这种认识，在我看来就构成了现代性的思考。

单万里（中国电影艺术研究中心研究员）： 让现实照亮历史，让历史告诉未来，这是《穿越海上丝绸之路》的一个重要的创作理念。如果按照编年史的方式拍摄，很可能拍成一部冷冰冰的教科书。但是本片导演没有这样做，而是立足当下，关照历史，展望未来。